Die Wahrheit hat immer Feinde

Das doppelte Gesicht des Simon Wiesenthal

Vermächtnis von Schulim Mandel

Erweiterte und ergänzte Auflage 2025

J. A. Mandel

Die Wahrheit hat immer Feinde

Das doppelte Gesicht des Simon Wiesenthal

Eine historische Rehabilitierung

Bibliografische Information der Deutschen Nationalbibliothek:

Die Deutsche Nationalbibliothek verzeichnet diese Publikation in der Deutschen Nationalbibliografie; detaillierte bibliografische Daten sind im Internet über dnb.de abrufbar.

Verlag:

BoD · Books on Demand GmbH, In de Tarpen 42,

22848 Norderstedt, bod@bod.de

Druck:

Libri Plureos GmbH, Friedensallee 273, 22763 Hamburg

ISBN: 978-3-7504-9652-1

Der komplette Reinerlös dieses Buches kommt
der Hilfsorganisation **Keren Hajessod** zugute

KEREN HAJESSOD קרן היסוד
FÜR DIE MENSCHEN ISRAELS

Ich habe diese Geschichte auf der Grundlage von Aufzeichnungen und Berichten meines Vaters verfasst (die im Anhang dieses Buches zu finden sind).

Beschreibungen von historischen Orten und Personen sind authentisch. Die Bilder stammen aus allgemein zugänglichen Quellen und aus meinem Familienalbum. Die Dialoge entspringen meiner Phantasie, weil ich glaube, sie könnten in dieser Form stattgefunden haben.

Der renommierte israelische Autor und Journalist Tom Segev nimmt in seiner großen, 2010 bei Pantheon erschienenen Simon Wiesenthal Biografie in einem Absatz auf Seite 99 auf die diesem Buch zu Grunde liegenden Ereignisse Bezug.

Der britische Autor und Historiker Guy Walters beschreibt in seinem 2009 veröffentlichten Sachbuch „Hunting Evil" Wiesenthal als einen "Lügner", der falsche oder übertriebene Behauptungen über seine akademische Karriere und seine Kriegsjahre aufgestellt habe, so dass es unmöglich wäre, ein zusammenhängendes Bild von Wiesenthals Leben im zweiten Weltkrieg zu zeichnen.

Es gibt erwiesene Fälle, in denen Wiesenthal Opfer zu Opfern gemacht hat. Mein Vater Schulim Mandel war unter diesen Opfern.

J. A. Mandel

Vorwort

Ich habe viele Leute befragt, wie sie den Begriff Holocaust interpretieren würden. Die Antwort war immer die gleiche. Das hat mit der Judenermordung und den Konzentrationslagern der Nazis zu tun. Nun, nicht falsch! Die Übersetzung des griechischen Wortes ergibt kurz und bündig das Adverb völlig verbrannt. Und Shoa? Das sei das jüdische Wort für Holocaust, bekam ich zu hören. Ja, stimmt! Eigentlich kommt es aus dem Wortstamm churban und bedeutet Verwüstung.

Und dann bekam ich immer zu hören: Glücklicherweise war nach dem Krieg 1945 alles vorbei. War es das wirklich?

Unter meinen Dokumenten bewahre ich den Lebensbrief meines Vaters auf, den er ‚Vermächtnis' genannt hat. Auf vielen Seiten wird über das unsägliche Leid jüdischer Familien im vergangenen Jahrhundert berichtet. Ghetto, Konzentrationslager, Befreiung und...nicht das Ende des Leides. Es gab im Leben meines Vaters den ‚Herrn Ingenieur', der nach all dem durch die Nazis verursachten Leid nach der Befreiung meiner Familie ein Weiteres zufügte. Dieser Mann hat sich als Nazijäger einen unauslöschlichen Namen gemacht und brachte doch unsägliches Leid über meine Familie.

Ich habe immer und immer wieder die Skripten mit der Handschrift meines Vaters durchgelesen. Lange habe ich gezögert. Aber einmal muss das ja alles ans Tageslicht.
Den Inhalt des ‚Vermächtnisses' meines Vaters habe ich mit dem Mantel einer ‚Geschichte' umgeben. Diese mag beim Leser oder der Leserin nicht immer auf Billigung und Zustimmung stoßen! Aber das Leiden meiner Familie stößt auch nicht auf meine Billigung und Zustimmung. Es ist schon unbegreiflich und der Menschheit unwürdig, wenn ein Volk aus ethnischer Verblendung oder anderen, nicht nachvollziehbareren

Gründen auf das Verderben eines anderen zielt. Aber grausames, recht-
loses Vorgehen von Menschen gegen die eigene Art, bloß aus Gier oder
Angst, bleibt unverständlich.

Wird Kain immer weiter Abel schlagen?

Abraham Mandel

Yad Vashem, Hall of Names (Foto: David Shankbone)

Schulim Mandel, Passfoto ca. 1950

TEIL 1
1939–1945

I
An einem fernen Ort in ferner Zeit

Bei der Begegnung der Herren zieht einer höflich den Hut.

„Wir kennen uns doch von irgendwoher?" beginnt einer die Konversation.

„Ja, wir sind uns schon begegnet", bejaht der andere. „Das muss zu Ende des Krieges gewesen sein. Ich erinnere mich nur lückenhaft. Ich hatte damals anderweitig zu tun und viel um die Ohren!"

Sein Gesprächspartner setzt den Hut wieder auf und blickt gedankenverloren vor sich hin. „Ja, ich sehe es vor mir, als wäre es gestern gewesen. Und doch ist schon so viel Zeit verstrichen. Was machen Sie gerade?"

„Ach, ich grabe in meinen Aufzeichnungen herum. So viele Namen – so viele Schicksale – soviel Leid – so viele Täter! Da kann man schon das eine oder andere vergessen oder durcheinander bringen!"

„Ich habe nichts vergessen", sagt der Mann, der kurz vorher den Hut gezogen hatte. „Wie darf ich sie nennen?" setzt er hinzu.

„Sagen Sie bloß ‚Herr Diplom Ingenieur' zu mir. Das genügt".

„Sie haben mit diesem Titel das Hochschulstudium abgeschlossen?"

Nach Bejahung dieser Frage entgegnet der andere: „Ich weiß da aber anderes. Da gab es in dem Konzentrationslager zwei Mithäftlinge. Mit Namen Tulek und Tadek. Die Familiennamen habe ich vergessen. Diese haben Sie doch durch Vergünstigungen im Lagerleben zu der Falschaussage verleitet, Ihre Angaben hinsichtlich des Erwerbs des akademischen Titels zu bezeugen".

„Da steht wohl Aussage gegen Aussage. Dokumente für meinen Titel konnte ich als Beweis nicht beibringen, ist doch die Universität Lemberg total niedergebrannt. Also brauchte ich Zeugen!"

„Man hat mir auch berichtet, Sie hätten es verstanden, sich bei der deutschen Lageraufsicht Freunde zu machen. Dies erkauften Sie, indem Sie manches, was unter den Häftlingen heimlich besprochen und geplant wurde, den Deutschen verrieten!"

„Im Konzentrationslager musste man täglich ums Überleben kämpfen", versuchte sich der so Angegriffene zu verteidigen. „Aber ich konnte dadurch manchem KZ Insassen Vergünstigungen beschaffen".

„Aber doch auch wieder nur gegen Gefälligkeiten. Ich hörte, so manches heimlich ins Lager geschmuggelte Schmuckstück hat den Besitzer gewechselt. Zigaretten gegen einen halben Laib Brot. Die halbe karge Essensration gegen ein Medikament. Dürfte eine lange Liste sein! Sie haben gesagt, sie wären in 12 verschiedenen KZs gewesen. Das kann doch nicht wirklich stimmen. Der bekannte israelische Historiker und Journalist Tom Segev entlarvte Sie dabei – gelinde gesagt - als Übertreiber. Er meinte auch, sie wären ein Renommee-süchtiger Schreihals, der sich immer wieder in den Mittelpunkt zu setzen verstand. Er meinte damit, dass Sie sich bei Befreiung des KZ Mauthausen am 5. Mai 1945 mit einer Liste von 91 Kriegsverbrechern beim US War Crime Office wichtig machten".

Sein Gegenüber kontert: „Ja, ich habe während meiner zahlreichen KZ Aufenthalte die Übersicht verloren. Aber wichtig war mir, die Namen jener deutschen Offiziere und mit der Aufsicht im Lager Beschäftigten in einer Liste festzuhalten, um sie später der Gerechtigkeit zuführen zu können".

„Und wie war das mit dem Auftrag des US Office of Strategic Services, den gesuchten Kriegsverbrecher Eichmann dingfest zu machen. Habe Sie ihn dann auch wirklich entdeckt?"

„Ich brauche Ihnen ja nichts vorzumachen, lieber Freund", erhält er eine Antwort. „Natürlich kam der Wink von mir. Die große Rolle spielte jedoch der israelische Geheimdienst Mossad, das muss ich schon zugeben".

„Und was meinte der britische Autor Guy Walters mit den vielen Unstimmigkeiten in Ihren Memoiren? Er schrieb sogar, sie wären ein Lügner, was Ihre Jahre und Leiden in den Konzentrationslagern betrifft. Sie hätten es sich immer ‚gerichtet'; vor allem bei den Hilfsgeldern des ‚American Jewish Joint Distribution Committee', dessen Verwalter Sie gleich nach der Befreiung waren. Sie hätten die Spendengelder nach eigenem Gutdünken verwaltet – der Autor vermeidet das Wort ‚verteilt'. Haben Sie da Geld für sich abgezweigt?"

„So kann man das nicht sagen", wird die Frage beantwortet. „Ich habe mich nicht bereichert. Ich habe allerdings Gelder verwendet, um das später ‚Dokumentationszentrum' genannte Institut zu gründen".

„Und wie war das mit dem ‚Wiesenthal-Fonds'? Zu Ihrem siebzigsten Geburtstag wurde in den Niederlanden sogar eine Briefmarke herausgebracht. Wohin flossen die Erträge?"

Die Frage verhallt unbeantwortet. Der Befragte hat sich abgewandt und ist im dichten Nebel der Geschichte verschwunden.

Gedenkbriefmarke der Österreichischen Post 2010

II
Schulim Mandel

Die Familie Mandel stammt aus der Kleinstadt Gródek. Diese liegt in der Nähe von Lemberg, kam durch die Teilung bis 1918 unter österreichische Herrschaft, wurde in der Folge polnisch, danach russisch und ist heute ukrainisch. Infolge der politischen Änderungen hat der Ort auch seinen Namen gewechselt. Von Gródek Jagielloński bis Horodok.

Der Besucher dieser Stadt wird unschwer die architektonischen Wurzeln der k. u. k. Monarchie erkennen. Viele Bürgerhäuser mit reich verzierten Fassaden säumen Straßen und Plätze. Der Marktplatz könnte Wien und genauso Budapest zieren. Geschäftiges Treiben, eiliger Einkauf. Küchenpersonal, Bedienstete oder die Hausfrau selbst. Wie auch sonst wo in der Monarchie.
Vier religiöse Gebäude sind Teil der Innenstadt: die Kirche der Erhöhung des Heiligen Kreuzes, die Kirche St. Johannes der Täufer, die Kirche der Verkündigung und die Kirche des Heiligen Geistes. Diese Gotteshäuser zeugen vom katholischen Glauben der Bevölkerung. Und dann gab es noch eine Synagoge. Diese musste für 25% der Bevölkerung – so viele Juden lebten zu Beginn des vergangenen Jahrhunderts in der Stadt – den Aufenthalt zur Ausübung ihres Glaubens bieten. Von den etwa 16.000 Menschen, die im Jahr 1900 in Gródek lebten, waren 3.610 mosaischen Glaubens.

Die Stadt wurde bekannt durch die ‚Schlacht bei Lemberg‘, in der im Herbst 1914 die k.u.k. Österreichische 3. Armee von den russischen Truppen unter General Nikolai Russki geschlagen wurde. Im Zusammenhang mit dieser Schlacht fällt immer der Name Georg Trakl, des österreichischen Dichters und Lyrikers des Expressionismus, der als Militärapotheker hunderte verwundete Soldaten unzureichend versorgen und sterben lassen musste. Diese belastenden Ereignisse verarbeitete Trakl in seinem bekannten Gedicht „Grodek". Wenig später, am 3. November 1914, verstarb der Dichter an einer Überdosis Kokain.

Am Abend tönen die herbstlichen Wälder
von tödlichen Waffen, die goldnen Ebenen
und blauen Seen, darüber die Sonne
Düstrer hinrollt; umfängt die Nacht
sterbende Krieger, die wilde Klage
ihrer zerbrochenen Münder...

(Auszug aus dem Gedicht „Grodek" von Georg Trakl)

Im Jahr 1939 bewohnte Familie Mandel eines jener Bürgerhäuser an der Hauptstraße, unter deren Kolonnaden Händler und Handwerker Verkaufsstände unterhielten. Dort befand sich auch die Lederhandlung Mandel.

In einem Blitzkrieg überfiel die deutsche Armee Polen, das nach etwas mehr als einem Monat kapitulierte. Damit zog die deutsche Verwaltung in das Land ein, womit das unsagbare Leid der jüdischen Bevölkerung begann.

Von einem Tag zum anderen veröffentlichte die deutsche Militärverwaltung immer wieder neue Verordnungen: Beschränkungen der Berufsausübung, Ausgangssperren, Verbot öffentlicher jüdisch-orthodoxer Religionsausübung und vieles mehr. Schließlich traf ein Baukommando der Organisation Todt ein, eine nach militärischen Gesichtspunkten ausgelegte Bautruppe, die die Umzäunung des geplanten Ghettos in Angriff nahm.

Schulim Mandel war gerade 21 Jahre alt, als das Schreiben des ‚Judenrates' eintraf, die Familie müsse in das Ghetto umziehen. Schulim stammte aus einer jüdisch orthodoxen Familie. Seit einer Generation wurde der Lederhandel betrieben, was zu einem beschaulichen Leben in der Kleinstadt geführt hatte. Die plötzliche Veränderung der Lebensverhältnisse hatte die Mandels arg betroffen. Es war nicht leicht, aus dem großbürgerlichen Haus in eine kleine Ghettozelle umzuziehen.

Aber Schulim Mandel war ein erfindungsreicher Geist. Er verstand es, sich Freunde unter den Bewachern zu machen, die vorerst noch Polen waren. Dadurch konnte er – was natürlich streng verboten war – das

Ghetto zeitweilig verlassen um Leder zu beschaffen, womit Reparaturen gemacht, aber auch Schuhe gefertigt werden konnten. Abnehmer waren zum Erstaunen der Ghettobewohner auch deutsche Soldaten. Diese schickten die Erzeugnisse der Lederhandlung Mandel zu ihren Familien ins Reich, wo man infolge des bereits zwei Jahre währenden Krieges Ledererzeugnisse kaum mehr kaufen konnte.

Die Verhältnisse änderten sich jedoch bald. Das Ghetto erhielt eine aus deutschen Soldaten bestehende Bewachung, womit das illegale Verlassen unmöglich wurde. Familie Mandel war dadurch die Einnahmequelle verschlossen und das anfänglich halbwegs bequeme Leben wandelte sich zu einem Überlebenskampf. Bald ging das Gerücht um, das Ghetto würde geschlossen und die Insassen an einen anderen Ort gebracht. Und eines Tages im Herbst 1943 war es dann soweit.

Das Dröhnen der herannahenden Armee-Lastkraftwagen im Morgengrauen war nicht zu überhören. Der Konvoi wurde von Mannschaftstransportern begleitet, die mit schwer bewaffneten Soldaten dicht besetzt waren. Dann zerriss das Geräusch des Aufklappens der Ladebordwände den gerade beginnenden Tag, gefolgt von den gebrüllten Befehlen der Wachmannschaften.

Die Truppe drang in das Ghettoviertel ein. Befehle zum Öffnen der Häuser wurden an vielen Stellen innerhalb der Umzäunung gleichzeitig geschrien. Dann wurden die Bewohner aufgefordert, ihr Eigentum zusammenzupacken, reduziert auf das Allernötigste. In das ängstliche Gemurmel der Menschen mischte sich das nervöse Bellen von Wachhunden, noch an den Leinen der Hundeführer. Offiziere zückten Listen und riefen Namen von auszusiedelnden Hausbewohnern auf.

Nach wenigen Stunden befanden sich die Ghettobewohner auf den Heeres-Lastkraftwagen, Destination war das Warschauer Ghetto - vorerst. Denn das Ghetto in Wahrschau war nicht das Ende ihrer schrecklichen Reise. Schon bald wurde Schulim Mandel zusammen mit seinen Brüdern Selig und Jacob weiterverfrachtet.

Ihr Ziel diesmal: das Ghetto Izbica.

III
Simon Wiesenthal

Neun Jahre vor Schulim Mandel wurde Simon Wiesenthal in der Silvesternacht 1908 in Buczacz, im altösterreichischen Galizien geboren. Dies ist eine – heute – ukrainische Stadt mit etwa 12000 Einwohnern. Sie liegt in der Oblast Ternopil, etwa 65 km südlich der Bezirkshauptstadt an beiden Ufern des Flusses Strypa.

In diesem kleinen Städtchen mit überwiegend jüdischer Bevölkerung betrieb Wiesenthals Vater Asher einen Zuckergroßhandel.

Nach dem Gymnasium studierte Wiesenthal – an der inzwischen zu Polen gehörenden Universität in Lemberg wegen des antisemitischen Numerus Clausus' nicht zugelassen – an der Technischen Universität Prag Architektur. Nach Abschluss des Studiums 1932 kehrte er nach Galizien zurück, heiratete 1936 seine Jugendliebe Cyla und eröffnete ein Architekturbüro.

Mit dem Hitler-Stalin-Pakt wurde Ostpolen und damit auch Lemberg 1939 sowjetisch. Wiesenthal wurde die Architekten-Befähigung entzogen, musste das Büro schließen und verdingte sich als einfacher Techniker. Die späteren Lagergenossen Schulim Mandels nach dem Krieg in Asten, Tulek und Tadek, werden in der Folge mit ihren Aussagen zu Wort kommen. Sie wurden willfährige Genossen Wiesenthals.

Deutschland startete 1941 mit dem Unternehmen Barbarossa seinen Angriff auf die Sowjetunion. Als Jude wurde Wiesenthal von Angehörigen des Wehrmachtsbataillons Nachtigall, einem militärischen Verband national-ukrainischer Freiwilliger, in Lemberg verhaftet. Es wurde ihm die Zugehörigkeit zu polnischen Widerstandsorganisationen vorgeworfen, seine Frau konnte ihn allerdings vor dem Zugriff der Deportationsbehörden schützen.

Lemberg wurde am Morgen des 30. Juni 1941 von deutschen Truppen besetzt. Bereits am folgenden Tag kam es zu Ausschreitungen und Gewalttaten gegen die jüdische Bevölkerung. Wiesenthal und viele Leidensgenossen wurden zu den Stadtgefängnissen getrieben. Es gehörte zur üblichen Vorgangsweise der deutschen Besatzer, Juden zu zwangsweisen Aufräumarbeiten heranzuziehen. Dass sich neben den paramilitärischen ukrainischen Truppen auch die Bevölkerung an diesen verhöhnenden Ritualen beteiligte, steht auf einem anderen Blatt. Unter dem Befehl des deutschen Majors Josef Salminger hatte die etwa 100.000 Seelen zählende jüdische Gemeinde Lembergs Unmenschliches zu erdulden. Der Major verstand es, in kurzer Zeit die polnische Bevölkerung der Stadt gegen die Juden zu instrumentalisieren. Es kam zu wüsten Ausschreitung während der Wiesenthal von einem Exekutionskommando der Wehrmacht auf den Marktplatz gebracht wurde, um dort wie viele seiner Leidensgenossen öffentlich erschossen zu werden. Die Kirchenglocken, die den Mittag einläuteten, machten dem Gemetzel ein Ende. Einer der Offiziere rief laut: „Schluss jetzt! Vesper". Im darauf folgenden Getümmel konnte sich Wiesenthal unter die Menge mischen und so den Deutschen entkommen.

Seine sogenannte Freiheit währte jedoch nicht lange. Er wurde von polnischen Geheimdienstlern aufgegriffen und in das KZ Stammlager Groß Rosen gebracht. In seinen Notizen über die Gräuel in Lemberg fanden als Regisseure des Massakers neben Major Salminger auch der Divisionskommandeur Generalmajor Hubert Lanz und der spätere Stadtkommandant Karl Wintergerst Erwähnung. Sie genossen den Vorzug, als erste Nazitäter von Wiesenthal vermerkt zu werden. Der Beginn einer langen Liste, die zu Kriegsende große Bedeutung erfahren sollte.

Major Salminger hatte auch einen unrühmlichen Anteil am Überraschungsangriff auf das griechische Dorf Komeno, wobei die ihm unterstellten Truppen 317 Menschen erschossen. Er selbst wurde von Partisanen gefangen genommen und exekutiert. General Major Hubert Lanz war auch verantwortlich für die Erschießung von 4.000 italienischen Soldaten, die sich der Entwaffnung durch deutsches Militär nach Austritt Italiens aus dem Hitlerkrieg widersetzten.

Stadtkommandant General Leutnant Karl Wintergast spielte die übelste Rolle in den ‚Lemberg Pogromen'. Er wurde von Amerikanern gefangen genommen, an die Sowjets ausgeliefert und gilt seither als vermisst.

IV
Schulim Mandel

Das Ghetto Izbica war als Durchgangslager für Judentransporte nach Belzek, Sobibor und Majdanek geplant.

Der Ort mit damals knapp 3000 Einwohnern liegt etwa 55 km südöstlich von Lublin.

Nach Izbica kamen die Juden in der Nacht. Es gab in Izbica schon sehr viele von ihnen. Juden aus der Tschechoslowakei und aus kleinen Städten in der Umgebung Izbicas. Jedes Zimmer in jedem Gebäude war voller Menschen und jeder saß auf seinem Gepäck. Auch die Straßen waren voller Menschen, die auf ihrer geringen Habe saßen und schliefen.

Izbica sah aus wie ein Bahnhof, an dem Menschen auf einen Zug warten. Der Ort war unter keinen Umständen darauf vorbereitet, die ausländischen Juden aufzunehmen. Seit jeher war die Ortschaft heruntergekommen und mittellos gewesen, bewohnt vor allem von verarmten Juden. Die meisten Straßen in Izbica waren nicht gepflastert und noch heute erinnern sich Bewohner Izbicas an die damaligen fatalen hygienischen Bedingungen. Nur die wohlhabenden Juden besaßen saubere, geräumige Wohnungen. Die Häuser waren ohne sanitäre Anlagen – im ganzen Ort gab es nur zwei öffentliche Toiletten, ansonsten erledigte man seine physischen Bedürfnisse vor den Gebäuden oder am Stadtrand. Einzig der am Marktplatz wohnende reiche Kaufmann Juda Pomp verfügte über ein eigenes WC, das für die Juden in Izbica eine Attraktion darstellte, da sie nicht glauben konnten, dass man im Hause eine Toilette haben konnte.

Bloß wenige der Deportierten konnten in diesem vom Ort durch einen einfachen Holzzaun getrennten Ghetto einer Arbeit nachgehen. Etliche hundert junge Männer wurden zu Arbeiten an der Flussregulierung eingesetzt. Wer nicht durch Erwerbstätigkeit oder Tauschhandel zu Geld kam, hatte nichts zu Essen. An Hunger und Erschöpfung starben hier täglich bis zu dreißig Menschen. Zu Skeletten abgemagert, in Lumpen gehüllt.

Der erfinderische Schulim Mandel hatte sich wieder auf seine handwerklichen Fähigkeiten besonnen. Er besuchte den Judenrat, um Einzelheiten über das ihm bevorstehenden Schicksal zu erfahren. Eines war klar: Izbica war nicht Endstation. Die jüdischen Mitglieder der Ghettoverwaltung wussten zwar nicht, wann und wohin es weitergehen würde, aber sie machten gegen eine geringe Geldsumme Kunden namhaft, für die Schulim Mandel Lederreparaturen durchführen konnte. Während dieser Tätigkeiten kam er auch in Kontakt mit Stofflieferanten und konnte so einen nahezu professionellen Betrieb in einem von der deutschen Wehrmacht besetzten und verwalteten Gebiet aufziehen. Alles wäre so schön gewesen, wenn nicht die Besatzer dem Judenrat den Auftrag gegeben hätten, wöchentlich ein gewisses Kontingent an Juden zur Deportation zusammen zu stellen. Es war nicht verborgen geblieben, dass die deutschsprachigen Juden des Rates und die jüdische Polizei vorrangig polnische Juden auf die Deportationslisten setzten. Das soziale Gefälle innerhalb des Ghettos war nicht zu übersehen. Deutschsprachige, ehemals wohlhabende Juden trafen auf vielköpfige polnische orthodoxe jüdische Familien, die in ärmlichsten Verhältnissen ohne Geld, fließendes Wasser oder Toiletten das Dasein fristen mussten. Schulim Mandel zählte nicht zu ersteren, aber auch nicht zu letzteren. Und dennoch kam er auf die Liste. Im Spätherbst 1942 rollten die Lastkraftwagen der Hitlerarmee vor. Mit gebrüllten Befehlen und mit Hieben von Gewehrkolben wurden die auf Listen angeführten Juden auf die Ladeflächen der Fahrzeuge getrieben. Das Ziel hatte sich herumgesprochen: das Arbeitslager Majdanek.

Als die schweren Lastkraftwagen den Ort verließen, mussten die zurückgebliebenen Ghettoeinwohner Zeugen der Schändung des Judenfriedhofes sein und die Grabsteine von verwüsteten Gräbern zum Ausbau des Gefängnisses am Rücken zur Baustelle im Ort tragen.

V
Simon Wiesenthal

In der Zeit zwischen 1941 und Kriegsende 1945 war Wiesenthal u.a. in den Konzentrationslagern Groß Rosen, Buchenwald, Plaszow und zuletzt in Mauthausen inhaftiert. Der Ort Mauthausen ist eine Marktgemeinde in Oberösterreich. Der unmittelbar an der Donau gelegene Markt hatte 1939 um die 5000 Einwohner. Bekannt wurde Mauthausen im 19. Jahrhundert durch den Abbau von Granit, der u.a. auch zum Bau der Prestigebauten an der Wiener Ringstraße Verwendung fand.

Mauthausen wurde bereits 1939 zum selbständigen Lager. Eine 2,5 m hohe Umfassungsmauer von 1668 Meter Länge sicherte das Areal. Gekrönt wurde die Mauer durch einen elektrisch geladenen Zaun mit 380 Volt. Die Gesamtfläche des Lagers betrug etwa 25 000 m². Bis Kriegsende 1945 wurden etwa eineinhalb Millionen Menschen hier gefangen gehalten und zu schwerster körperlicher Arbeit hauptsächlich in den Steinbrüchen gezwungen. Das Motto lautete: ‚Vernichtung durch Arbeit‘. Zu den besonderen Grausamkeiten zählte die ‚Todesstiege‘, eine Steintreppe die den Steinbruch ‚Wiener Graben‘ mit dem eigentlichen Lager verband. Über 186 Stufen mussten die Häftlinge schwere Granitblöcke über 31 Meter nach oben schleppen. Ein Großteil der Insassen des KZ überlebte die Torturen nicht.

Der Tagesablauf der Häftlinge war jeden Tag gleich: Weckruf um 4 Uhr, Betten machen, Waschen, Frühstück, Morgenappell um 5.30 Uhr. Um 6 Uhr verließen die Arbeitskommandos das Lager, wohin sie um 18 Uhr zurückkehrten.

Eine besondere Schikane war der Appell am Abend, der die sogenannte ‚Freizeit‘ erheblich einschränkte. Bis alle angetretenen Blocks gezählt, eventuelle Zählfehler korrigiert und die Zahlen wieder aktualisiert wurden, konnten schon an die drei Stunden ergehen, in denen die Häftlinge ermattet, unterernährt und in der schlechten Jahreszeit der Kälte ausgesetzt in Formation stehen mussten.. Die Nachtruhe war für 9 Uhr abends festgesetzt, nach der kein Häftling die Baracken verlassen durfte.

Es gab 3 Arbeitskommandos:
- Innenkommando
- Außenkommando
- Arbeit im Steinbruch.
Die Auswahl und Zuteilung erfolgte nach beruflichen Qualifikationen, aber auch nach Zufall.
Natürlich waren die Innenkommandos die begehrtesten. Mehr durch Zufall als nach dem Beruf des von ihm selbst benannten ‚technischen Zeichners' wurde Wiesenthal dem Zentralbüro zugeteilt. Es gelang ihm, tägliche, oft schauerliche Abläufe im Lageralltag zu dokumentieren. Allerdings muss der Wahrheitsgehalt manchmal bezweifelt werden Ein Beispiel: Drei deutsche Soldaten, Wilhelm Schmidt, Günter Billing und Manfred Pernass wurden während der Ardennen-Offensive als Spione hinter den feindlichen Linien aufgegriffen und zum Tod durch Erschießen verurteilt. Die Vollstreckung erfolgte im KZ Mauthausen. Wiesenthal wurde von diesem Geschehen inspiriert und verfasste eine, von den tatsächlichen Begebenheiten (Erschießung) abweichende zeichnerische Darstellung, die im ersten Nachkriegsjahr in seinem vom IBIS Verlag herausgegeben Buch publiziert wurde.
In den späten Wintermonaten machte sich eine gewisse Veränderung in der Lagerordnung bemerkbar. Wiesenthal konnte eine deutliche Verringerung der uniformierten Lagerwachen feststellen. Die Lagerleitung, täglich mit den Appellen befasst, verschwand von einem Tag zum anderen. Eines Tages machte Wiesenthal Dienst am Lagertelefon. Am Ende des Drahtes war der betagte Feuerwehrkommandant der Stadt Wien. Wie könne er es verstehen, seine dezimierte Mannschaft zur Bewachung des Konzentrationslagers Mauthausen abzukommandieren? Er verfüge bloß über wenige alte Männer und ein paar Buben. Auf Wiesenthals Stirne bildeten sich Falten. Er hatte schon von der flüchtenden NS Wachmannschaft in Erfahrung gebracht, dass die Amerikaner bereits in unmittelbarer Nähe angekommen wären. Offensichtlich hatte sich der Lagerleiter SS Standartenführer Franz Ziereis an die Wiener Feuerwehr gewandt, die Bewachung mangels regulären Personals zu übernehmen. Wiesenthal erkannte, dass sich trotz einer gewissen Disziplin Unordnung breit zu machen begann. Der tägliche Morgenappell entfiel an verschie-

denen Tagen, ohne dass man einen Grund in Erfahrung bringen konnte. Genau so ging es mit dem Frühstück. Andererseits wunderten sich die Häftlinge über ein plötzlich reichlicheres Mittag- und Abendessen.

Simon Wiesenthal fand heraus, dass in den Vorratsbunkern große Mengen an Lebensmittel lagerten. Nachdem nun ein Teil der Wachmannschaften und des Verwaltungsstabes abgezogen war, herrschte ein gewisser Überfluss, der abgebaut werden musste. All das deutete auf eine Annäherung der Amerikaner.

Die größte Annehmlichkeit für die arbeitsfähigen Häftlinge war das Einstellen der Arbeit am Steinbruch. Das glich schon dem Beginn eines Friedens der Menschlichkeit.

Die sognannten ‚arbeitslosen Tage' verbrachte Wiesenthal auf der Pritsche in seiner Baracke, wohin er nach der Operation an der brandigen Zehe verlegt worden war. Dort begann er mit seiner Liste, die anfänglich 91 Namen von Nazi Kriegsverbrechern beinhalten sollte.

Der 1905 in München geborene Franz Ziereis war deutscher SS Standartenführer und Kommandant des KZ Mauthausen. Er flüchtete in den letzten Apriltagen in seine nahegelegene Jagdhütte, wo er sich zu verstecken versuchte. Allerdings wurde er am 3 Mai 1945 dort aufgespürt, auf der Flucht von US amerikanischen Soldaten gestellt, angeschossen und verstarb am 25. Mai.

Kurze Zeit vorher rüstete sich der ‚Herr Diplom Ingenieur' mit 55 kg Lebendgewicht für den Empfang der 11. Panzerdivision der 3. US Armee unter Colonel Richard Seibel. Dieser bot Wiesenthal die Assistenz bei der von General Eisenhower angeordneten nachgestellten Fotoserien der Befreiung an. Ein über dem Lager-Tor in Eile gespanntes Transparent aus irgendeinem US Fundus trug das verwirrende Logo ‚Die spanischen Antifaschisten grüßen die Befreiungsmächte'.

VI
Schulim Mandel

Von Spätherbst 1942 bis 23. Juli 1944 war Schulim Mandel KZ Häftling in Majdanek, offiziell KL Lublin genannt. Es bestand zunächst als „Kriegsgefangenenlager der Waffen SS Lublin", bevor es in eine Tötungsfabrik umfunktioniert wurde.

Das Lagergelände befand sich im Vorort Majdan Tatarski der polnischen Stadt Lublin. Von diesem Vorort stammt auch der spätere Name „Majdanek". Nach neuesten Schätzungen wurden dort rund 78.000 Menschen, unter ihnen circa 60.000 Juden, ermordet. Majdanek war sowohl Konzentrations- als auch, zumindest temporär, Vernichtungslager.

Zum Zeitpunkt von Schulim Mandels Einlieferung entstand unter SS Verwaltung ein Bekleidungswerk, in dem das „aus Sonderaktionen anfallende Material", Schuhe und Kleidung der bei einer „Säuberung" getöteten Juden, sortiert, desinfiziert und geflickt wurden. Da war Schulim Mandels Talent gefragt. Vermutlich war sein handwerkliches Geschick, aber auch seine Organisationsbegabung die Basis seines Überlebens. In der Nachkriegszeit erfuhr er, dass er für die Deutschen Ausrüstungswerke (DAW) tätig gewesen war, die 1942 den höchsten Umsatz aller ähnlichen Unternehmen erzielte.

Die Größe des Lagerpersonals wuchs mit dem Ausbau des Lagers. Ende 1943 waren 1258 Personen in der Lagerverwaltung tätig, darunter 261 im Kommandantur Stab. Bis zur Auflösung des Lagers kamen in diesem Lager etwa 78 000 Menschen, darunter 60 000 Juden um. Als sich die Rote Armee Lublin näherte, wurden die Gefangenen in Gewaltmärschen, denen die Geschichte später den Namen „Todesmärsche" gegeben hat, zu anderen Lagern getrieben.

Arthur Liebehenschel war der letzte von fünf Lagerkommandanten und Standortältesten. Er wurde nach seiner Gefangennahme vorerst interniert und im Zuge des Nürnberger Prozesses verhört. Nach Auslieferung durch die Streitkräfte der Vereinigten Staaten an Polen wurde er zu Jahresende 1947 zum Tode verurteilt und am 24. Januar 1948 hingerichtet.

Der Todesmarsch von Majdanek nach einem unbekannten Ziel währte Tag und Nacht. In einer frühen Morgenstunde, noch war der Tag nicht angebrochen, schlich sich Schulim Mandel während einer Marschpause an den Straßenrand. Diese nur wenige Stunden währende Unterbrechung diente nicht der Erholung der völlig Erschöpften. Im Gegenteil, es mussten Erdlöcher zur Aufnahme der mittlerweile Verstorbenen gegraben werden. Schulim Mandel erspähte ein Wäldchen in unmittelbarer Nähe zur Straße. So als wolle er kurz austreten, schritt er auf die ersten Stämme zu, die er als Birken erkannte. Später konnte er nicht wirklich

KZ Majdanek, Aufnahme der alliierten Luftaufklärung 1944.

sagen, ob das Schwarzweiß der Bäume und der gestreifte Häftlingsanzug eine ideale Tarnung abgegeben hatten. Jedenfalls konnte er unbemerkt im Wald untertauchen. Es war in der Früh noch recht kalt, obwohl es Mittsommer war. Um sich zu erwärmen schritt Schulim Mandel, so rüstig er konnte, voraus. Er hatte keine Ahnung, wo er sich befand. Wie durch ein Wunder erreichte er eine Weggabelung, auf der ein Hinweisschild angebracht war. Dieses konnte er entziffern: eine kleine Straße führte nach Legnica, die Kilometerangabe war 113. Als er später über seinen mühsamen Weg nachdachte, musste er sich eingestehen, doch recht unvorsichtig vorgegangen zu sein. Er schritt einfach drauflos ohne zu bedenken, dass sich das Land ja noch immer in deutscher Hand befand und Truppenteile jederzeit auftauchen könnten. Aber nichts dergleichen geschah. Im Gegenteil, er stieß auf eine kleine Ansiedlung mit örtlichen Bauern. In einer Kate verbrachte er die erste ruhige Nacht seit Tagen. Am Morgen erhielt er von der Bäuerin ein reichhaltiges Frühstück, Speck, Eier, Brot und einen Krug Tee. Danach ging es an die Anprobe: Er erhielt bäuerliche Zivilkleidung. Als er sich mit Dank verabschiedete, überreichte ihm einer der Bauern eine Leinentüte mit Brot und Äpfeln. Damit musste er zwei Tage und Nächte auskommen, bis sein Zielort erreicht war. Und es gelang! Schulim Mandel erreichte Legnica am 4. Tag seiner Odyssee. Er hatte eine späte Abendstunde gewählt, um die Stadt und eine Bleibe zu erkunden. Er gewahrte deutsche Soldaten, Offiziere in Kübelwagen, etliche Panzer, alles eher nicht in geordneter Formation, wie man das von der Wehrmacht kannte. War das Kriegsende wirklich schon nahe? Schulim Mandel hatte Glück. Beim Umherirren in der späten Dämmerung traf er auf einen Zivilisten, der ihn auf Polnisch ansprach. Nachdem dieser Mann ihn als Flüchtling vor den Nazis erkannt hatte, geleitete er ihn zu Bekannten, wo er sofort Aufnahme fand. Legnica sollte für längere Zeit seine Bleibe werden.

Legnica (zu Deutsch Liegnitz) ist eine Großstadt in der Woiwodschaft Niederschlesien im Südwesten Polens. Der Ort liegt in der mittelschlesischen Ebene an der Mündung der Carna Woda, 60 km westlich von Breslau. Im Jahr der Befreiung durch die Sowjetarmee lebten dort 25.000 Menschen.

VII
Simon Wiesenthal

Mauthausen, Mai 1945, einer der ersten Tage nach der Befreiung von etwa 18.000 Häftlingen des Konzentrationslagers.

Gestützt von zwei Helfern schleppte sich ein Insasse in das Büro des amerikanischen Colonel Richard Seibel. Den Colonel wird das Bild nicht mehr verlassen. „Ein Skelett, an dem ein gestreifter Pyjama hing. Ein Mann, der dennoch mit seinen Augen sprechen konnte". Der Holocaust Überlebende und später zum ‚Berufszeugen‘ erklärte Simon Wiesenthal gab zu Protokoll, er habe dem auf dem Sterbebett liegenden Mauthausen-Kommandanten Ziereis das Geständnis „entlockt", es seien dort vier Millionen Menschen ermordet worden. Die Aussage ist umstritten: Handelt es sich um eine Aussage von Ziereis oder Wiesenthal? Hätte letzterer dem Lagerkommandanten das „Geständnis" abgenommen, würde das bedeuten, dass es zu dieser Szene drei verschiedene Versionen gab.

Wiesenthal kam ab jetzt jeden Tag zu den Verhören. Er ersuchte, für die US Einheit, die sich mit mutmaßlichen Kriegsverbrechern befasst, arbeiten zu dürfen. Man gab ihm Stift und ein Blatt Papier. Wiesenthal verfasste eine Liste mit 91 Namen und einer Charakteristik der unmenschlichen Taten von denen er nach seiner Erinnerung Zeuge gewesen war. Ein Beispiel: der SS-Wächter Hujar im Lager Plaszow: Gewinner zahlreicher Wetten, weil es ihm gelang, eine Kugel durch zwei Köpfe gleichzeitig zu jagen‘. Im Juli desselben Jahres wurde er vom OSS (Office of Strategic Services) beauftragt, nach Eichmann zu fahnden. Wiesenthal gründete daraufhin zusammen mit weiteren Verfolgten und Vertriebenen das „Jüdische Zentralkomitee der US Zone Oberösterreichs" Zwei Jahre später entstand daraus das "Zentrum für jüdische historische Dokumentation" Dieses befasste sich mit dem Sammeln von Zeugenaussagen, zunächst in Form eines einfachen Fragebogens, der in den Lagern für Displaced Persons ausgeteilt und von Überlebenden ausgefüllt wurde, sowie dem Auswerten von Hinweisen auf verdächtige Personen, in Zusammenarbeit mit internationalen Dokumentationszentren, Polizei- und Gerichtsbehörden. Im Zuge dessen wurden Akten und Karteien zu

NS-Verbrechern und NS-Tatkomplexen angelegt.

Das Dokumentationszentrum war in einem winzigen Büro untergebracht, litt unter ständiger Geldknappheit und war auf die Mitarbeit vieler unbezahlter freiwilliger Helfer angewiesen. Nur durch kleine Spenden und den Einsatz privater Mittel konnte der Betrieb aufrecht gehalten werden.

VIII
Schulim Mandel

Legnica/Liegnitz ist die größte Stadt im Norden der Woiwodschaft. Sie wurde im Krieg sehr stark zerstört, doch im Zentrum haben sich einige historische Bauten erhalten. Die Pfarrkirche St. Peter und Paul am Marktplatz stammt aus dem 14. und 15. Jahrhundert und verfügt über zwei prächtige gotische Portale.

Das spätbarocke Rathaus stammt aus der Mitte des 18. Jahrhunderts. Sehenswert im Inneren der Marktplatzbebauung sind auch die so genannten Heringsbuden. In den acht schmalen Häusern mit Laubengängen wurde früher mit Fisch gehandelt. Zwei der Bauten sind mit schönen Sgrafittos dekoriert.

Häuser am Marktplatz von Legnica.

In dieser liebenswürdigen Umgebung begann Schulim Mandel sein Nach-Kriegs-Leben neu zu ordnen. In der Nähe der ehemaligen ‚Fischbuden' eröffnete er das Lederhandelshaus Mandel. Sein Unternehmen wurde von der sich nun rasch vergrößernden Bevölkerung freundlich aufgenommen. Bald hatte der Betrieb vier Mitarbeiter. Und so spielte das Schicksal. Er traf auf ein Mädchen, das bald seine Frau werden würde: Rosa (Rachel).

Das ruhige, doch sehr arbeitsame Leben des Paares erfuhr jedoch bald eine unliebsame Unterbrechung.

Mit Schrecken erfuhr das junge Paar von antijüdischen Ausschreitungen der Bevölkerung der Stadt Kielce. Dieser Ort mit etwa 200.000 Einwohnern liegt 100 km nordöstlich von Krakau. Bereits im Januar war die Rote Armee dort einmarschiert und hatte dem Krieg ein Ende gesetzt. Am 4. Juli 1946 kam es zu antijüdischen Protesten vor dem Haus an der Platny Nr. 7 im Zentrum der Stadt, in dem das „jüdische Komitee" seinen Sitz hatte. Auslöser dazu waren Gerüchte über eine angebliche von Juden begangene Kindesentführung, die auf jahrhundertelang propagierte Ritualmord-Legenden des christlichen Antijudaismus Bezug nahmen. Angehörige der Miliz betraten unter Waffengewalt das Gebäude. Als die Bewohner auf die Straße flüchteten, wurden sie vom Mob angegriffen. Das Fazit: 42 Juden wurden von der tobenden arischen Bevölkerung unter wüsten Beschimpfungen getötet, 80 zum Teil schwer verletzt.

Die junge Familie Mandel verstand das Pogrom als unmissverständliches Zeichen, dass es für sie in Polen keine sichere Zukunft gab. Außerdem kündigte sich Nachwuchs an. 1947 kam Sohn Abraham zur Welt.

Schulim Mandel erfuhr von der Existenz einer organisierten Untergrundbewegung, die Juden aus Polen die Fluchthilfe und illegale Einwanderung nach Palästina ermöglichte, das kurz vor Gründung des Staates Israel stand. Die Organisation hatte die Bezeichnung Aliyah Bet (Bet für den Buchstaben ‚B') und sorgte für den illegalen Transport von auswanderungswilligen Juden nach Palästina und damit für die Umgehung der von den britischen Behörden festgelegten Quoten.

Nach dem Ende des Krieges setzte sich ein großer Flüchtlingsstrom illegal in Bewegung. Die Immigration nach Palästina stieß auf den starken, fast unüberwindlichen Widerstand der Briten, die erst 1948 das Palästina-Mandat zurücklegten, was in der Folge zur Gründung des Staates Israel führte.

Die zionistische Bewegung war schon seit längerer Zeit aktiv und hatte in Palästina begonnen, jüdische Heimstätten aufzubauen. Nach dem Krieg, als die unmittelbare Bedrohung des Lebens zwar wegfiel, bestand dennoch ein unüberwindlicher Drang einer großen Menge überlebenden jüdischer Flüchtlinge, Europa zu verlassen, fanden sie doch Familien und Freunde nicht mehr vor und ihren früheren Besitz in den Händen fremder Menschen. Selbst Ortswechsel brachten keine Verbesserung der Lebensqualität.

In diesen Menschenstrom wollte sich die Familie Mandel eingliedern und trat mit der Organisation in Verbindung, die Schritte zur illegalen Auswanderung einleitete. Es währte nicht lange und ein Reiseplan traf ein. Ort der Einschiffung, Datum der Abreise und Name des Schiffes

Ankunft im Hafen Haifa

waren penibel vermerkt. Nach der Ankunft in Haifa würde sich die Organisation um alles Weitere kümmern.

Schulim Mandel mit Frau Rosa und Baby Abraham trafen nach einer mehrere Wochen dauernden Odyssee im Hafen Haifa ein.

Es war von Anfang klar, dass die Reise in einem Kibbutz enden würde. Schulim Mandel war bekannt, was ihn dort erwartete. Die Kibbutzim spielten eine entscheidende Rolle in der Besiedlung Palästinas und darauf folgend Israels.

Kibbutz ist eine Siedlungsform, eine Art Kollektiv, das ursprünglich in wenig erschlossenen Gebieten Palästinas gegründet wurde. In den Anfängen war der Lebensalltag der Kibbutz Mitglieder (Chawerim) von sozialistischen Lebensprinzipien geprägt: Die Arbeitsleistung jedes Einzelnen wurde unentgeltlich für die Allgemeinheit erbracht.

Schulim Mandel konnte sich in dem neuen Land mit einer ihm bisher unbekannten Lebensform nicht anfreunden. Seine patriarchalische Kleinfamilie wurde aufgelöst. Das Kind Dziunek wurde in einem Kinderhaus aufgenommen, wo es nun auf den Namen Abraham hörte, und mit Gleichaltrigen erzogen wurde. Den Eltern wurden ungewohnte Tätigkeiten angeboten: Arbeit in der Zentralwäscherei und Schneiderei oder aber in den Feldern oder Ställen. Jeden Tag versammelten sich die Chawerim im gemeinsamen Speisesaal, dem Chadar Ochel. Dieser war Kristallisationspunkt des gemeinschaftlichen Lebens.

Nicht nur die ungewohnte, schwere Arbeit für Menschen, die noch kurz vorher von Flucht erschöpft und in Lagern dem Hunger ausgesetzt waren, setzte Schulim Mandel und Frau Rosa zu. Auch Sohn Abraham bekam das Klima subtropischer Trockenheit schlecht.

Als Schulim Mandel in der brütende Hitze mit einem neu gewonnenen Freund ein Stück Acker urbar machen musste, sagte dieser zu ihm: er könne die Engländer, die ja jetzt das Land Israel den Juden geschenkt hätten, nicht verstehen. Warum haben sie den Juden nicht die Schweiz geschenkt?

Schulim Mandel konnte diesem Scherzwort wenig abgewinnen. Der Aufenthalt der Familie Mandel währte bloß wenige Monate. Schulim Mandel sah sich veranlasst, im Hinblick auf das Wohlergehen seiner Familie das Land, das nun Israel hieß, in Richtung Europa wieder zu verlassen. Aufgrund verschiedener Hinweise entschloss er sich, im Lager Asten für ‚Displaced Persons‘ (Oberösterreich) um Unterbringung anzusuchen.

Schulim Mandel, ein ehrlicher KZler, mit seinem Sohn Abraham
im Lager Asten, ca. 1950

TEIL 2
1948–1964

I
DP Lager Asten

Einfahrt zum Lager Asten bei Linz

Nach dem 2. Weltkrieg befanden sich etwa acht Millionen Menschen auf der Flucht. Sie wurden als ‚Displaced Persons' – DPs (auf Deutsch ‚Vertriebene') bezeichnet. In Österreich waren dies hauptsächlich die Überlebenden aus den Konzentrationslagern, Zwangsarbeiter oder von den National-sozialisten angeworbene ausländische Arbeitskräfte. Während der Konferenz von Jalta, die noch vor Kriegsende von den Alliierten abgehalten wurde, hatte man sich auf das Flüchtlingsproblem in der unmittelbaren Nachkriegszeit geeinigt: die Rückführung der Vertriebenen in ihre Heimatländer. Dies gelang bei einer Majorität der Betroffenen. In Österreich jedoch verblieb fast eine halbe Million Menschen, hauptsächlich jüdische Holocaust Überlebende, die in ihrer ehemaligen Heimat die Existenz verloren und Furcht vor den plötzlich einsetzenden Pogromen hatte. Sie wurden vorerst in großen Lagern untergebracht. Für diese Personen waren anfänglich die Besatzungsmächte zuständig.

Allmählich übernahm die Versorgung und Organisation die UNRRA (United Nations Relief and Rehabilitation). Aber auch weitere Hilfsorganisationen wie z.B. das American Jewish Joint Distribution Committee trachte nach bestem Wissen, die Situation der Lagerinsassen zu verbessern.

Schulim Mandel erreichte auf seiner Rückreise von Israel wie geplant das DP Camp 117 in Asten, Oberösterreich. Dort wurde ihm geraten, sich an den Verwalter der Hilfsgüter zu wenden. Er erfuhr, dass ein ehemaliger jüdischer Lagerinsasse des KZ Mauthausen in Asten diese Funktion ausübe. Um ihn konnte man nicht herumkommen.

Schulim Mandel mit einem Freund im Lager Asten

II
Erstes Treffen Schulim Mandel / Simon Wiesenthal

Schulim Mandel traf zu einem Gespräch den Koordinator und Beauftragten für die Fürsorgezahlungen an ehemalige KZ Häftlinge, Simon Wiesenthal.

Wiesenthals Büro befand sich zu dieser Zeit in Linz, war mit allen möglichen modernen, aus amerikanischen Beständen stammenden Büromaschinen eingerichtet. Dort befanden sich Räumlichkeiten für die Sekretärinnen, die Zentralkartei, ein Besprechungszimmer und das Büro von Diplomingenieur Simon Wiesenthal.

Mit diesem Namen und Titel stellte er sich vor, erwähnte jedoch umgehend, dass Nachweise seiner Identität und akademischen Abschluss bloß durch die Aussagen der KZ Mithäftlinge Tulek und Tadek mit Vornamen – die Familiennamen wären ihm entfallen - eidesstattlich erbracht worden seien.

Zu Beginn des Gesprächs sprach Simon Wiesenthal über seine Aufenthalte in vielen deutschen Konzentrationslagern. Er erzählte über wunderbare Rettungen vor dem Erschießungstod, vor dem Verhungern und von der Amputation einer Zehe, die durch nächtelanges Stillstehen in Eiseskälte auf dem Appellplatz brandig geworden war und wie er eine Liste mit 91 deutschen Kriegsverbrechern den befreienden Amerikaner übergeben hätte.

Im Hinblick auf seine Bereitwilligkeit, mit den US Behörden zu kooperieren, wurde ihm die Verteilerfunktion von Hilfsgütern jüdischer karitativer Einrichtungen und auch von Hilfszahlungen der Österreichischen Regierung überantwortet.

Diese Einleitung währte länger als eine Stunde. Schulim Mandel konnte sein Erstaunen über Herrn Wiesenthals Schicksal nicht verbergen. Er gratulierte.

Wiesenthal fuhr fort:

„Ab Kriegsende bis heute kehrten viele Juden nach Österreich zurück. Meist waren dies Menschen, die sich den Ländern, in die sie ausgewandert waren, nicht anpassen konnten, mit eingeschlossen Israel. Andere hofften, dass ihre Anwesenheit in Österreich die Wiederherstellung

ihres Eigentums, aber auch die ihnen zustehenden Wiedergutmachungs-
zahlungen beschleunigen würden. Es ist auch bekannt, dass viele Flüchtlinge einfach vom beginnenden ökonomischen Wachstum angezogen
werden. Ich möchte sagen, das alles trifft auf Sie zu, Herr Mandel. Und
das macht die Sache für sie nicht einfacher!".

Wiesenthal wartete nicht auf eine Antwort sondern setzte fort:
„Es gibt natürlich die Möglichkeit, für anderweitige Zuwendungen einen
Antrag zu stellen. Ihr Status, Herr Mandel ist nicht ganz eindeutig. Es
gibt keine Entlassungspapiere aus einem KZ. Natürlich, Sie sind ja anlässlich eines Überstellungsmarsches geflohen. Dann haben sie versucht,
in ihrer Heimatgemeinde in Polen wieder Fuß zu fassen. Die polnischen
Behörden haben jedoch nicht auf ihr Restitutionsgesuch reagiert. Die
Kenntnis von dem Pogrom in Kielce hat sie verständlicherweise zur
Landesflucht bewogen und sie sind, zwar illegal, nach Palästina ausgewandert. Aus dem kurz darauf gegründeten Staat Israel sind sie dann
wieder über Italien nach Österreich eingewandert. Nun haben sie Aufnahme in das DP Camp 117 in Asten gefunden. Hier können sie natürlich bis zur Selbstversorgung bleiben."

Barackensiedlung im Lager Asten

Noch war Wiesenthals Monolog nicht zu Ende.

„Ein Antrag, wie beschrieben und infolge der Ungereimtheiten einiger Maßen kompliziert, kann bis zur Erledigung lange dauern", belehrt ihn Wiesenthal. Er, Simon Wiesenthal, hätte jedoch die Möglichkeit zu intervenieren und so die langwierige Prozedur der Eingliederung als Lagerinsasse mit Hilfsgeldzahlungen im Camp 117 zu verkürzen. Für verschiedene Gefälligkeiten an die in diesem Prozess involvierten Behörden wäre allerdings eine geringe Gebühr zu entrichten. „Etwa 1.000 Schilling könnten eventuell reichen".

Aus seiner geringen Barschaft überantwortete Schulim Mandel Herrn Wiesenthal den gewünschten Betrag. Nach einigen Wochen des Wartens musste er erfahren, dass die Geldsumme nicht reichen würde. Nach einer weiteren Zahlung wurde Schulim Mandel als Holocaust Opfer anerkannt und als Lagermitglied in Baracke 39 registriert.

Schulim Mandel mit seinem Sohn Abraham im Lager Asten, ca 1950

III
Gewerbeberechtigung

Nach einigen weiteren Monaten des Einlebens in den Lageralltag verfiel Schulim Mandel auf den Gedanken, seine ehemalige Tätigkeit im Textilgewerbe wieder aufzunehmen. Aber dazu war ein Gewerbeschein erforderlich. Nun war dies ein dornenreicher Weg. Er als Antragsteller konnte keinerlei relevante Dokumente vorweisen. Welcher KZ Häftling hätte solche bei sich aufbewahren können? Der zuständige Magistrat Linz empfahl, sich an den Heimatort in Polen zu wenden. Schulim Mandel verfasste ein Schreiben an die Stadtverwaltung Legnica mit dem Ersuchen um Übermittlung einer Kopie seiner ehemaligen Gewerbeberechtigung im Textilgewerbe. Dieses Gesuch erhielt er etwa zwei Monate später unerledigt zurück. Er müsse sich dazu an die Woiwodschaft Lublin wenden. Dort wären eventuell Kopien dieser Dokumente in den Archiven. Das Berufszentralregister in Legnica wäre durch Kriegseinwirkungen ein Raub der Flammen geworden. Somit verfasst Schulim Mandel ein weiteres Schreiben. Dieses wurde nach Monaten mit dem Inhalt beantwortet, er, der Antragsteller müsste eine amtliche Bestätigung seiner Identität beibringen.

Jeder Mensch hat bloß *einen* Geduldsfaden. Der von Schulim Mandel war nun gerissen.

Er ersuchte um ein Gespräch bei Herrn Ingenieur Wiesenthal. Der Termin ließ nicht lange auf sich warten. Wiesenthal empfing seinen Besucher mit ausgesuchter Freundlichkeit. Man schüttelte Hände und fragte nach dem gegenseitigen Befinden. Schulim Mandel konnte berichten, sein vorerst schwächlicher Sohn Abraham hätte sich hierzulande gut erholt. Er hätte rasch an Gewicht zugenommen und wäre ein normal kräftiges Kleinkind. Mit großer Freude berichtete er von der weiteren Schwangerschaft seiner Frau.

Simon Wiesenthals Freude war nicht gespielt. Er gratulierte seinem Besucher und übermittelte den jüdischen Glückwunsch.

Schulim Mandel war gerührt. Er bedankte sich herzlich und kam dann auf den Grund seines Besuches zu sprechen: Er wäre nicht imstande, seine ehemalige Gewerbeberechtigung aus Polen den Österreichischen

Behörden zu übermitteln. Was könnte man tun?

Herr Wiesenthal kratze sich am Hinterkopf in einer Geste der Unschlüssigkeit.

„Sie wissen, Herr Mandel, welche bürokratischen Hürden im Normalfall zur Erlangung einer Gewerbeberechtigung überwunden werden müssen? Und jetzt in ihrem speziellen Fall …"

Herr Wiesenthal kramte aus einer Lade ein Formular hervor und breitete es vor seinem Besucher aus.

Schulim Mandel vertiefte sich in die Aufzählung der Erfordernisse zur Erlangung eines Gewerbescheines.

EINREICHUNG ZUR ERLANGUNG EINER GEWERBEBERECHTIGUNG.

Benötigte Unterlagen:

Für Einzelunternehmer (natürliche Personen) mit mind. 5jährigem Wohnsitz in Österreich

- Reisepass der Anmeldenden/des Anmeldenden
- Aufenthaltsberechtigung bei Drittstaatsangehörigen (ausgenommen Schweizerinnen/Schweizer)
- Eventuell urkundlicher Nachweis akademischer Grade
- Erklärung betreffend Gewerbeausschlussgründe gemäß § 13 GewO 1994 für natürliche Personen
- Bei Namensänderung zusätzlich Heiratsurkunde oder Bescheid über die Namensänderung
- Bei Wohnsitz im Ausland bzw. Wohnsitz in Österreich, der weniger als fünf Jahre dauert zusätzlich
  ○ Strafregisterbescheinigung des Heimatstaates (nicht älter als drei Monate)
  ○ Geburtsurkunde und Staatsbürgerschaftsnachweis oder Reisepass der Anmeldenden/des Anmeldenden
  ○ Bestätigung der Meldung
- Bei Neugründung zusätzlich
  ○ Bestätigung der zuständigen Wirtschaftskammer nach dem Neugründungsförderungsgesetz (NeuFöG)

Nachdem er das Papier beiseitegelegt hatte, wusste Schulim Mandel, dass er die benötigten Unterlagen nicht beibringen konnte. Er wandte sich hilflos an sein Gegenüber.

Simon Wiesenthal wusste Rat. Es gäbe in der Landesregierung den Bezirkshauptmann Hofrat Dr. Hofinger. Bei diesem liefen alle Fäden zusammen und er, Simon Wiesenthal, würde diesen Fall vortragen. Mit Sicherheit könnte so das Problem gelöst werden.

Was Schulim Mandel nicht ahnte, war Wiesenthals Kenntnis von Dr. Hofingers Vergangenheit. Jener Hofrat, der seine Mitgliedschaft bei der NSDAP ursprünglich leugnete, wurde von der Österreichischen Nachrichtenillustrierten Echo als prominenter Wendehals überführt. Dr. Hofinger war mit der Nr. 6,371.884 NS Parteimitglied seit 1. Mai 1938. Er rückte im August 1939 ein und beendete seine Soldatenzeit am 12. Oktober 1940 in Frankreich, wo er an der Ruhr erkrankte. Bis Kriegsende bekleidete er die Position des stellvertretenden Landesrates. Nach dem Zusammenbruch Hitlerdeutschlands stieg er wie der Phönix aus der Asche als Sekretär in die Dienste des Staatsbeauftragten Stellvertreters Dr. Blum, der u.a. die Agenden der politischen Säuberung betrieb und sein Amt mit Hilfe Hofingers recht genau ausübte.

Nach etlichen Wochen trat ein, was Schulim Mandel schon nicht mehr als möglich erwartet hatte! Er erhielt eine vom Magistrat Linz-Land ausgestellte Gewerbeberechtigung für Textil- und Ledergroßhandel und Schneiderei. Natürlich war dies nicht umsonst. Angeblich musste Dr. Hofinger etliche Dokumente verfassen und deren Echtheit beglaubigen lassen. Stempelgebühren, Eingabegebühren, Schreibgebühren, Kopiergebühren, Beglaubigungsgebühren. Wem gebührte was?

Irgendwann dämmerte es Schulim Mandel: Es gebührte dem ‚Herrn Diplomingenieur'.

Schulim Mandel reüssierte mit seinem Gewerbebetrieb. Er konnte die Behörden informieren, dass er infolge der Einkünfte aus seinem Unternehmen keine weiteren öffentlichen Unterhaltszahlungen für sich und seine Familie benötigte.

IV
Die Briefmarke

Im Lager kursierte das Gerücht, ein Insasse wäre Eigentümer einer wertvollen Briefmarke.

Es war zum Zeitpunkt des ersten Philatelisten Kongresses der Nachkriegszeit, der in Salzburg stattfand.

Schulim Mandel bediente in seinem Geschäft den betagten Kunden Moshe Frajmann, der ihm aus den Tagen in Asten bekannt war. Man sprach über die Vergangenheit, Herr Frajmann zollte dem Ladeninhaber uneingeschränktes Lob für die Gründung der Firma, und man warf einen Blick in die Zukunft.

„Da gibt es in Salzburg demnächst einen Briefmarken-Kongress. Ich höre, es wird dort auch eine Verkaufsmesse geben. Das ist die erste diesbezügliche Veranstaltung in Österreich. Ich werde dorthin fahren".

„Sind sie denn an Briefmarken interessiert?" fragte Schulim Mandel.

„Ja, bin ich sehr!" sprach der Kunde. „Wenn Sie ein bisschen Zeit haben, erzähle ich, warum".

Mit wachsendem Staunen erfuhr Schulim Mandel von der wertvollen japanischen Briefmarke und wie diese über die KZ Jahre des Besitzers hinweggerettet werden konnte.

Vor dem Einmarsch der Deutschen in Polen besaß die Familie Frajmann ein Briefmarkengeschäft in ihrer Heimatstadt. Das Tagesgeschäft war aber nicht der gewinnbringende Zweig des Unternehmens. Geld wurde gemacht mit dem An- und Verkauf von wertvollen Stücken in Sammlerkreisen. Eine der wertvollsten Marken war eine japanische.

Als nach dem Einmarsch der Hitlerarmee in Polen die Deportationen begannen, sann die Familie Frajmann auf ein Versteck dieser wertvollen Marke, die vielleicht Leben retten könnte. Man verfiel auf eine sonderbare, letztlich aber zielführende Idee. Es wurden etliche, wertlose Marken aus Japan zusammen mit der wertvollen Japanischen auf einen mit einer fiktiven Adresse versehenen Umschlag geklebt, der durch viel Falten und Verunreinigen das Aussehen eines gebrauchten unnützen Briefkuverts bekam. Dieses überstand viele Leibesvisitationen, konnte ohne Mühe aufgehoben, beziehungsweise überall hin mitgenommen werden und überdauerte samt dem Besitzer den Holocaust.

„Heute habe ich die Marke natürlich in einem Banksafe", sprach Herr Frajmann zu Schulim Mandel. „Ich habe mich aber entschlossen, sie zu verkaufen. Ich bin nicht mehr der Jüngste. Ich kann die Marke nicht essen, ich kann sie nicht anziehen und ich kann nicht in ihr wohnen. Aber alles das wird mir der Verkaufswert bis ans Ende meiner Tage ermöglichen".

An Herrn Frajmanns Geschichte musste Schulim Mandel denken, als er Simon Wiesenthal zur Besprechung der monatlich fälligen Abgaben aus dem Ledergeschäft traf, und eine Wende in das Gespräch kam. Was wüsste Herr Mandel über eine wertvolle japanische Briefmarke und deren Besitzer aus der Zeit des Camp Asten, fragte Simon Wiesenthal.

Schulim Mandel berichtete von seiner Kenntnis der Person des Besitzers der wertvollen Briefmarke. Wiesenthal zeigte sich hocherfreut. Er dankte für den Hinweis und betonte, jederzeit zu Gegendiensten bereit zu sein. Für Schulim Mandel war somit die Sache erledigt. Er erfuhr nicht, wie der Handel ausgegangen war. Aber die Zusicherung Wiesenthals, ihm in einer eventuell prekären Lage helfen zu wollen, erfüllte ihn mit großer Zuversicht.

Und tatsächlich. Wiesenthal hielt sein Versprechen. In einem Bundesgesetzblatt der Republik wurde publiziert, dass jeder Holocaust Häftling, der nach dem Krieg Österreich als seinen regulären Wohnsitz gewählt hatte, Anspruch auf eine bestimmte finanzielle Wiedergutmachung hätte. Dies konnte Schulim Mandel gut gebrauchen, plante er doch die Erweiterung seines Geschäftes.

Wiesenthal versprach, den Behördenweg zur Erlangung der Einmalzahlung zu verkürzen. Es verwunderte Schulim Mandl nicht mehr, dass er zehn Prozent der in Aussicht gestellten Summe an den ‚Herrn Diplom Ingenieur' im Voraus abliefern musste.

V
Der Fall Pinkas Erdan

Schulim Mandel erhielt Besuch von Herrn Blum.

Herr Blum war ihm bekannt, seit die Familien in der Baracke nebeneinander ihre erste Unterkunft im Lager Asten gefunden hatten.

„Sie können sich noch an mich erinnern, Herr Mandel? fragte sein Besucher. „Wir waren ja sozusagen Nachbarn. Es wird sie vielleicht wundern, mit welchem Ansinnen ich heute zu ihnen komme".

„Sagen sie doch bitte, was sie am Herzen haben" antwortete Schulim Mandel. „Wenn ich helfen kann, tue ich das sehr gern".

„Nun, die Sache betrifft mich nur am Rande. Es geht um einen Bekannten, eigentlich ist er ja ein Freund meiner Familie. Wir haben das Ende unseres KZ Leidens gemeinsam in Flossenbürg erlebt.

Ich war Häftling in diesem damals neuen Typ eine Lagers, das eigene wirtschaftliche Ziele zu verfolgte. Wir, die billigsten rechtlosen Arbeitskräfte sollten profitabel in den eigens zu diesem Zweck gegründeten „Deutschen Erd- und Steinwerken" (DESt) ausgebeutet werden. In diesen Lagern steigerte das Regime den Terror zu einer absoluten und sehr perfektionierten, bisher ungekannten Machtfülle, die mit unmenschlicher Zwangsarbeit, Hunger, Willkür und Schikanen die Vernichtung von Menschen einplante und später fabrikmäßig organisierte – und das durchaus nicht nur im Geheimen, denn Terror wirkt durch weitest mögliche Einschüchterung.

Infolgedessen wurde der Bau des Konzentrationslagers vor der Bevölkerung nicht geheim gehalten. Von Anfang an waren an der Erstellung der benötigten Infrastruktur sowie beim Aufbau öffentliche Verwaltungen und Privatfirmen beteiligt. Auch die Belieferung mit Lebensmitteln für die Gefangenen und die Wachmannschaften übernahm vielfach die private Wirtschaft.

Ich überlebte, dank eines Mithäftlings. Es war Pinkas Erdan. Er gab mir den Tipp, mich als Mineraloge auszugeben. Dadurch würde ich eine etwas bessere Behandlung durch die Nazis erfahren. Gesagt – getan. Obwohl ich kaum noch Erinnerungen an meine Gymnasialzeit hatte, brachte ich den Mut auf, einen Beruf anzugeben, den ich niemals hatte.

Ich hatte unglaubliches Glück. Ich wurde in die Verwaltung versetzt und eigentlich bloß mit Abschreibarbeiten betraut. Ein fachliches Gespräch wurde mit den Deutschen nie geführt. Diese waren wohl zu hochmütig, mit einem Juden über ‚Gesteinskunde' zu diskutieren. Aber meinem Freund Pinkas Erdan erging es schlecht. . Man ertappte ihn bei geringen Schwindeleien und setzte ihn einer Reihe von ‚Sonderbehandlungen' aus. Das waren alle möglichen Quälereien, die letztlich zum Tod des Unglücklichen führen sollten.

Der Lagerkommandant Max Koegel, verantwortlich für den Tod Abertausender Häftlinge, befahl Mitte April 1945 den Abmarsch aller gehfähigen Häftlinge. Auf diesem Todesmarsch verloren viele Juden ihr Leben. Er tauchte nach Kriegsende mit den Ausweispapieren eines vormaligen KZ-Häftlings bei einem Landwirt unter, wurde aber im Juni 1946 durch Angehörige der US-Armee in Bayern verhaftet. Während der Haft im Gefängnis Schwabach beging er am 26. Juni 1946 Suizid durch Erhängen.

Pinkas Erdan hatte unglaubliches Glück: Er befand sich unter 1600 nicht gehfähigen Häftlingen, die im Lager zurückblieben und von der vorrückenden US Army befreit wurden.

Und hier in Asten trafen wir uns durch Zufall wieder. Ich war entsetzt über den Zustand dieses unglücklichen Mannes. Er war wirklich dem Tode näher, als dem Leben. Aber er erkannte mich und schilderte sein vergangenes und gegenwärtiges Schicksal."

Schulim Mandel war erschüttert. Natürlich hatte er am eigenen Leib den Terror der KZ Inhaftierung kennengelernt. Aber immer, wenn man ihm von Leidensgenossen berichtete, rann ein Schauer über seinen Rücken.

„Und nun kommt mein Ersuchen, Herr Mandel", setzte Herr Blum fort. „Pinkas Erdan ist schwer krank. Er bezieht eine Unterstützung vom "Joint" von 600 Schilling. Er hat sich an die Verwaltung des Lagers gewandt, ihm ärztliche Hilfe zu gewähren. Das ging ein, zwei Mal gut. Aber irgendwann muss es dem Verwalter von Asten zu viel geworden sein. Er setzte den Arztbesuch ersatzlos aus".

„Aber das ist doch nicht möglich", entgegnete Schulim Mandel. „Man kann doch einem Schwerkranken eine Behandlung nicht verwehren?"

„Ja, das ist der springende Punkt der Tragödie", berichtete Herr Blum.

„Die Behandlung könne fortgesetzt werden, jedoch nur bei Bezahlung eines Honorars".

„Was verlangte denn der Doktor für seine Behandlung?", fragte Schulim Mandel.

„Die Bezahlung sollte nicht an den Doktor erfolgen, das Geld sollte Herrn Wiesenthal übergeben werden. Das war nun Pinkas Erdan einfach zu viel. Er wandte sich in seiner Verzweiflung mit einer Beschwerde an das Pariser Büro des „American Jewish Joint Distribution Committee", woher die Unterstützungsgelder letztlich kamen."

Es entstand eine kurze Pause, dann setzt Herr Blum fort.

„Simon Wiesenthal erhielt Kenntnis von diesen Schritten. In einer Anzeige an die Sicherheitsdirektion Linz beschuldigte er Pinkas Erdan der Spionagetätigkeit und bezeichnete ihn als ‚Ostagenten'. Das Wort des ‚Herrn Diplom Ingenieur' wog viel in dieser Zeit. Der schwer kranke Mann wurde verhaftet, alle seine persönlichen Dokumente wurden konfisziert. Ohne diese konnte Pinkas Erdan jedoch keine weiteren Beschwerden über das Vorgehen Wiesenthals machen. Das Verhör durch die Polizei verlief allerdings ohne Ergebnis und der Kranke wurde auf freien Fuß gesetzt."

Auf Ersuchen von Herrn Blum versuchte Schulim Mandel, bei Simon Wiesenthal zu intervenieren. Das Ergebnis seiner Bemühungen verschlug ihm die Rede: Die monatliche Rentenzahlung wurde neu mit 300 Schilling festgesetzt. Ein Betrag von dem man in dieser Zeit nicht leben und auch nicht sterben konnte. Ein besonderer Hohn: Als Vergünstigung konnte der Kranke gratis seine Wäsche in der Lagerwäscherei reinigen lassen!

Die Vorgangsweise Simon Wiesenthals erreichte einen sprachlosen Schulim Mandel. Wie konnte man als Mensch so menschenverachtend vorgehen. Jetzt dämmerte ihm, wie gefährlich dieser Mann sein konnte, wenn man ihm nicht zu Willen war.

Noch ahnte Schulim Mandel nicht, dass er das Schicksal Pinkas Erdan einmal teilen würde.

ג'וינט ישראל | JDC
יחד בעשייה חברתית

סטארט-אפ חברתי
בן 102 שנים

Joint Distribution Committee („Joint")

Eigentlich „American Jewish Joint Distribution Committee",
kurz „Joint" genannt.

Die Organisation wurde 1914 als überseeische Wohlfahrtsorganisati-
on gegründet und konzentrierte sich ab 1933 auf die Unterstützung
der jüdischen Bevölkerung in Deutschland und in den von Deutschland
besetzten Gebieten Ost- und Westeuropas, etwa durch Spenden für
Kranken- und Waisenhäuser, für Nahrungsmittel, für die Emigration
und zum Teil auch für den bewaffneten jüdischen Widerstand. Nach
dem Krieg war das JDC die wichtigste jüdische Hilfsorganisation für
jüdische Überlebende. Es betreute die jüdischen Displaced Persons
(DPs) in den Lagern in Deutschland, Österreich und anderen europäischen Ländern, finanzierte Nahrungsmittel, Kleidung und Berufsaus-
bildung und organisierte nach der Ausrufung des Staates Israel im Mai
1948 den Transport jüdischer Auswanderer/innen.
Die Organisation finanziert sich ausschließlich aus privaten Spenden
amerikanischer Bürger und Unternehmen.

VI
Der Fall Mairowitsch

In einem Gespräch mit Elias Mairowitsch erfuhr Schulim Mandel die tragische Geschichte dessen Ehe.

Hannah Mairowitsch war eine bildhübsche Mittdreißigerin. Sie hatte in ihrer ehemaligen Heimat das Töpferhandwerk gelernt. Sie wollte mit dieser Fähigkeit eine Kunstakademie besuchen. Allerdings kamen die Ereignisse ab dem Jahr 1939 dazwischen. Sie hatte als 25Jährige Elias kennengelernt und bald geheiratet. Das Eheglück nahm eine tragische Wende, als sie mit ihrem Mann auf Befehl der nun deutschen Verwaltung Polens in ein Ghetto umziehen musste.

Damit einher gingen Maßnahmen, verordnet von dem durch Himmler eingesetzten „Höheren SS- und Polizeiführer Ost" Krüger, welche die Bewegungsfreiheit der jüdischen Bevölkerung einschränkten, namentlich nächtliche Ausgangssperren und das Verbot, sich außerhalb des derzeitigen Wohnbezirkes niederzulassen.

Eine weitere Maßnahme, die im Zusammenhang mit dem Ghettoisierungsprozess Bedeutung erlangen sollte, war die Bildung von sogenannten Judenräten, die als jüdische Selbstverwaltungsorgane von der deutschen Besatzung als Befehlsempfänger für die Belange ihrer Politik gegenüber den jüdischen Gemeinden zwangsweise geschaffen wurden. Sie waren zuerst der deutschen Zivilverwaltung gegenüber verantwortlich, später den SS-und Polizeikräften. In der Praxis kam diesen „Judenräten" vor und während der Ghettoisierung etwa die Aufgabe zu, Mannschaften für Zwangsarbeitseinsätze zusammenzustellen, die Auslieferung der verbleibenden Vermögenswerte der jüdischen Bevölkerung zu organisieren und schließlich sogar, im Zuge der Auflösung der Ghettos ab dem Jahr 1942, lokale Maßnahmen zur Unterstützung der Deportation der Gefangenen in die verschiedenen Vernichtungslager zu ergreifen.

Die Ghettoisierung an sich, im Wortsinn die Konzentration der jüdischen Bevölkerung in – teils mit Mauern und Kontrollposten abgesperrten – Stadtteilen verlief in Polen hauptsächlich von April 1940 bis Ende 1941. Die drei größten Wohnbezirke bzw. Ghettos waren das Warschauer

Ghetto (Oktober 1940, errichtet in einem 1939 von der Militärverwaltung zum Seuchensperrgebiet deklarierten Teil der Stadt), das Ghetto in Lodz (April 1940) sowie – nachdem die Deutschen das eroberte sowjetische Galizien als fünften Distrikt in das von ihnen so bezeichnete „Generalgouvernement" eingegliedert hatten – das Ghetto Lemberg (Dezember 1943).

Vom Ghetto Lodz wurde Hannah Mairowitsch zusammen mit ihrem Mann in ein KZ verbracht. Glückliche Umstände ließen sie und Elias den Holocaust überleben und nach dem Krieg wieder zusammenfinden Sei dem Sommer 1945 lebten die beiden nun in Asten.

Später rätselte man, welche Umstände die Entfremdung des Paares herbeigeführt haben könnte. Vielleicht waren es die schrecklichen Bilder aus dem KZ Alltag, die beide nicht aus der Erinnerung verbannen konnten, vielleicht doch die fast vier Jahre dauernde Trennung. Aber es mag auch die wiedererwachte, hemmungslose Lebensgier der jungen Frau gewesen sein, die sie sich einem anderen Mann zuwenden ließ.

Dieser Mann war Simon Wiesenthal. Es fing mit kleinen Aufmerksamkeiten für die Dame an. Darauf kam ihr schelmischer Augenaufschlag, ein nicht wertloses Geschenk erreichte die junge Frau, die ihrerseits einem ersten Stelldichein nicht abgeneigt war.

Es blieb ungeklärt, wie weit Cyla Wiesenthal von der Untreue ihres Gatten Kenntnis hatte.

Hannahs Gatte jedenfalls blieb das Verhältnis seiner Frau mit dem ‚Herrn Ingenieur' nicht verborgen. Es war eine Verzweiflungstat, die Elias Mairowitsch das Einreisevisum nach Schweden beantragen ließ. Wie er sagte, könne er eine Trennung von seiner Frau nicht verkraften. Er würde alles daransetzen, das Verhältnis seiner Frau mit Wiesenthal zu einem Ende bringen zu können. Kurz vor Weihnacht erreichte das Paar Stockholm. Das Zusammenleben des Paares in Schweden gestaltete sich schwierig und kurz. Wie Hannah einer Freundin mitteilte, könnte sie so nicht weiter leben. Tragisch hat sie ihr Bekenntnis in die Tat umgesetzt. Sie verließ ihren Gatten heimlich und reiste zurück nach Asten. Dort erwartete sie allerdings eine herbe Enttäuschung. Der ‚Herr Ingenieur' hatte das Interesse an einer Fortsetzung der Romanze verloren. Elias Mairowitsch ahnte Unheil. Er reiste seiner Frau nach Österreich hinterher und fand sie nicht im Lager. Es wurde ihm bedeutet, sie wäre im Spital. Dort fand er sie – nach einem Suizid Versuch.

Simon Wiesenthal war diese Angelegenheit offensichtlich äußerst peinlich. Er musste sie bereinigen – auf seine Art. Über Bekannte in der Oberösterreichischen Verwaltung erwirkte er einen Haftbefehl gegen Elias Mairowitsch wegen illegaler Einreise. Umgehend wurde dieser nach Schweden zurückgebracht. Die Spuren seiner Frau verloren sich.

VII
Der Fall Zimmermann

„Alle heute noch gültigen internationalen Verträge betreffend Kriegsverbrechen, Völkermord und gegen die Menschlichkeit enthalten keine Bestimmung über eine Verjährung. Dies entspricht auch den Grundsätzen der Humanität und Gerechtigkeit, denn Verbrechen gegen die Menschlichkeit und gegen den Frieden unterscheiden sich in ihrem Charakter, in der Anzahl der Täter, im Ausmaß der angewandten Brutalität und vor allem in der Anzahl der Opfer von allen individuellen Straftaten. Wir glauben daher, dass die Verbrechen gegen die Menschlichkeit im Einklang mit dem internationalen Völkerrecht abgeurteilt werden müssen, umso mehr als die Bundesrepublik Deutschland und auch Österreich die Konvention gegen den Völkermord mit unterzeichnet haben."

Dies waren die Einleitungsworte zum Thema ‚Verjährung', womit Simon Wiesenthal auf Einladung des Jüdischen Weltkongresses eine ranghohe Delegation aus Amerika in Linz begrüßte.

Schulim Mandel musste erfahren, dass diesem Vortrag über die ‚Verjährung', basierend auf einem Manuskript von Simon Wiesenthal, ein voller Erfolg beschieden gewesen wäre. Es stammte jedoch von Max Zimmermann, einem historischen Grundlagenforscher, der sich um die Aufarbeitung des Themas ‚Schnelles Vergessen – Holocaust war gestern' bemühte.

Als Max Zimmermann von Wiesenthals Auftritt vor dem illustren amerikanischen Publikum Kenntnis erhielt, stellte er den ‚Herrn Ingenieur' zur Rede. Es kam zu heftigen Auseinandersetzungen, die in einem Zivilprozess wegen Urkundenfälschung vor dem Linzer Zivilgerichtssenat endete.

Simon Wiesenthal geriet in Bedrängnis. Einerseits wollte er kein Geständnis machen, eine Einigung mit dem Autor war unter seiner Würde, aber die Beweislast war gegen ihn. Er brauchte Verbündete auf seiner Seite.

So verfiel Simon Wiesenthal auf Schulim Mandel, der ihm einen Gefallen schuldete.

„Lieber Herr Mandel", sprach Simon Wiesenthal. „Sie erinnern sich doch, dass ich ihnen beim Beschaffen von fehlenden Dokumenten zu ihrem Leben vor 1939 geholfen habe. Wir Juden wurden ja nicht nur verfolgt, wir wurden auch unserer Identität beraubt. Das ging ihnen so, Herr Mandel, und auch ich habe heute ein Problem damit. Sie könnten mir nun einen Gefallen erweisen".

Schulim Mandel glaubte, nicht richtig zu hören. Der so wichtige Diplom Ingenieur Wiesenthal ließ sich herab, ihn, einen kleinen, kaum wieder auf die Füße gekommenen Textilwarenhändler um einen Gefallen zu bitten.

„Meine Lage ist nicht einfach", sprach Wiesenthal weiter. „Wie immer liegt die Sache in der Mitte. Ich habe mit Herrn Zimmermann den Text der Ansprache diskutiert und viele meiner Ideen eingebracht. Er hat letztlich das Ganze zusammengefasst und in die Form einer Willkommensansprache gebracht. Das kann und will ich nicht leugnen. Aber Recht hat Zimmermann deswegen auch nicht. Was kann ich tun? Sie müssen mir helfen, Herr Mandel, den Zimmermann zum Schweigen zu bringen. Ich habe es wirklich nicht gewollt, aber nun muss ich seine Position im KZ aufdecken. Sie waren ja auch dort und wissen, dass Zimmermann ein gefürchteter Kapo war".

Den Kapos, die selbst nicht arbeiteten, sondern Aufsichtspersonen waren, waren Vorarbeiter zugeordnet. Die relativen Privilegien korrumpierten viele der zu Kapos Ernannten – hatten sie doch durch bessere Nahrungszuteilung und körperliche Schonung eine Chance, länger am Leben zu bleiben. Die SS wählte die Häftlinge aus, die sich die damit verbundenen Privilegien durch besondere Brutalität zu verdienen bereit waren. Als Kapos wurden beispielsweise verurteilte Kriminelle, zur Bestrafung inhaftierte ehemalige SA-Leute, gefangene Juden (siehe Foto Armbinde Seite 49) oder politische Häftlinge rekrutiert. Aus welcher Häftlingsgruppe die Kapos ausgewählt wurden, war eine taktische Entscheidung der SS, wobei die Zusammensetzung der Kapos oftmals mit dem Wechsel der Kommandostrukturen des KZ zusammenhing. Der SS kam es auf eine möglichst reibungslose Befehlsweitergabe und die skrupellose Durchsetzung an.

„Sie erinnern sich doch an die Errichtung eines neuen Außenlagers in der Gegend von Ludwigslust, Herr Mandel", setzte Wiesenthal seine

Rede fort.

„Das neue Konzentrationslager befand sich ca. 30 km südlich von Schwerin und wenige Kilometer nördlich von Ludwigslust. Nur etwa 500 Meter vom Standort des späteren KZ-Außenlagers Wöbbelin entfernt befand sich bereits seit dem Spätsommer 1944 ein kleines Konzentrationslager, welches aus Holzbaracken bestand und gelegentlich auch als Lager Reiherhorst bezeichnet wurde.

Im Februar 1945 wurde ein erster Transport von 700 Häftlingen aus Neuengamme im Lager Reiherhorst untergebracht. Diese Gefangenen wurden vorwiegend zur Fertigstellung des größeren Hauptlagers eingesetzt. Zur Überwachung der Arbeiten war der Kapo Zimmermann eingesetzt, von dem viele Häftlinge nach ihrer Befreiung aussagten, er wäre ein echter Menschenschinder gewesen. Er duldete keinen Ungehorsam, bestand auf Fertigstellung von Arbeiten bis tief in die Nacht hinein und war sicher an der Exekution von vielen Lagerinsassen nicht unbeteiligt. Denken sie nach, sie werden sich erinnern!"

Damit beendete Wiesenthal seinen Vortrag über das KZ Wöbbelin und blickte erwartungsvoll auf Schulim Mandel

Schulim Mandel dachte nach. Es war natürlich viel Zeit vergangen. Er war in mehreren Konzentrationslagern, hatte viele Mithäftlinge und Kapos kennengelernt. Doch Zimmermann? Ob Herr Wiesenthal ihm vielleicht Näheres über diesen Mann sagen könnte?

Nein, er selbst könne sich an diesen Namen und an diese Person nicht erinnern. Er hätte von Max Zimmermann noch nie gehört, er war ihm in keinem KZ begegnet, und schon gar nicht in der Rolle eines Kapos. Es täte ihm Leid, er könne für Wiesenthal keinen Zeugen abgeben.

Schulim Mandel musste nun am eigenen Leib erfahren, dass mit Wiesenthal nicht zu spaßen war. Man musste ihm zu Diensten sein, alles ausführen, was er verlangte. Ihn zum Feind zu haben konnte recht unangenehm werden. Und das wurde es auch.

VIII
Festnahme

Schulim Mandel konnte sich mittlerweile durch viel Fleiß und Umsicht ein kleines Textilunternehmen aufbauen. Es gab große Nachfrage, wenig Geld und die Beschaffung von Materialien wie Stoffe und Leder war schwierig

Eines Tages erschienen zwei Kriminalbeamte im Büro des Textilunternehmens.

Friseurladen im Lager Asten, ca 1955

„Herr Mandel", sprach einer der Beamten, „wir müssen sie zu einer kurzen informellen Einvernahme bitten".

Schulim Mandel war zwar überrascht, folgte jedoch der Aufforderung und verließ zusammen mit den Kriminalbeamten das Büro. Er hatte weder einen Mantel angezogen noch einen Hut mitgenommen, handelte es sich doch, wie man ihm sagte, um eine kurze Einvernahme. Die Frage, ob er irgendwelche Unterlagen mitnehmen solle, wurde verneint. Nein, es würde bloß ein Protokoll angefertigt.

Vor dem Geschäft parkte ein Kleinbus. Einer der Beamten öffnete die seitliche Schiebetür. Schulim Mandel spürte einen heftigen Stoß, mit dem er in das Innere des Fahrzeuges gedrängt wurde. Einer der beiden Kriminalbeamten legte ihm mit geübtem Griff Handschellen an. Dann wurde die Tür von außen geschlossen und der Bus setzte sich sofort in Bewegung.

Die Fahrt endete beim Polizeikommissariat. Im Hof wurde die Wagentür geöffnet und Schulim Mandel vorerst in eine Arrestzelle gebracht.

Einsatzwagen „Grüner Heinrich"

Die Zellentür öffnete sich und ein Justizbeamter brachte Essen. Noch bevor dieser den Raum wieder verlassen konnte, sprach ihn Schulim Mandel an.

„Können sie mir sagen, warum ich hierhergebracht und eingesperrt werde?"

Der Beamte zeigte sich gesprächsbereit. „Ich denke, sie werden zu einem Delikt einvernommen. Ob dieses ihnen zur Last gelegt wird, oder ob sie über eine weitere Person eine Aussage machen können, weiß ich natürlich nicht",

Damit musste sich Schulim Mandel vorerst zufrieden geben. Nach einiger Zeit, die ihm wie eine Ewigkeit erschien, wurde er einem Polizeijuristen vorgeführt. Nun erfuhr er den Grund für seine Inhaftierung.

„Herr Mandel, sie sind hier in Verwahrung, weil ihnen das Delikt der Verleitung zum Amtsmissbrauch' vorgeworfen wird", begann der Beamte.

Sofort musste Schulim Mandel an die Szene denken, als Simon Wiesenthal eine Provision für die Erledigung seines Ansuchens um die einmalige Wiedergutmachung als KZ Häftling einforderte.

„Wir müssen gegenwärtig die Untersuchungshaft über sie verhängen. Die Aktenlage ist relativ kompliziert. Es gibt Aussagen und widersprüchliche Einvernahmen verschiedener Personen. Diese müssen wir gewichten und uns daraus eine Meinung dem Gesetzestextes folgend bilden".

Damit war die kryptische Begründung zu einer nicht vorhergesehenen Untersuchungshaft beendet. Vorläufig.

Vorläufig. Zwei Stunden später stand der ‚gesprächige' Wachebeamte wieder vor Schulim Mandels Zelle.

„Gibt's wieder Essen?" fragte er und lächelte.

„Nein, Herr Mandel", antwortete der Beamte. „Der Herr Doktor hat weiteres Beweismaterial, zu dem sie einvernommen werden sollen".

„Ist das gut für mich oder schlecht?"

„Das kann ich ihnen nicht sagen, Herr Mandel. Ich soll sie bloß abholen und zum Herrn Doktor bringen."

Kurze Zeit später betrat Schulim Mandel das Büro von Dr. Hakenberg, der bereits die vorhergegangene Einvernahme vorgenommen hatte.

„Bitte nehmen sie Platz, Herr Mandel", begann er das Gespräch.

Schulim Mandel erwartete, der Polizeijurist würde nun die Anklage widerrufen, um Entschuldigung bitten und ihn nach Hause schicken. Aber es kam ganz anders.

„Herr Mandel, nicht nur, dass sich der Tatverdacht der ‚Verleitung zum Amtsmissbrauch' erhärtet hat, der Anklage wurden weitere Delikte hinzugefügt. Diese bringe ich ihnen hiermit zur Kenntnis. Wir können uns danach unterhalten. Aber leider bleibt die Untersuchungshaft aufrecht".

„Herr Doktor, ich verstehe nicht. Innerhalb von wenigen Stunden wird die Anklage gegen mich ausgeweitet? Wie kann das geschehen? Wird gegen mich Tag und Nacht recherchiert, als wäre ich ein gesuchter Verbrecher oder Staatsfeind? Sage sie mir, bitte, was man mir vorwirft".

„Nun, dazu sind sie ja hier", antwortete der Beamte und blätterte in seinen Unterlagen.

„Zu dem vorgeblichen Delikt der ‚Verleitung zum Amtsmissbrauch' kommen nun weitere Vorwürfe". Der Beamte blickte kurz auf und heftete seinen Blick auf die vor ihm ausgebreiteten Akten. „Ich bringe Ihnen diese nun offiziell zur Kenntnis. Natürlich erhalten sie davon Abschriften, die sie im Gewahrsam in Ruhe studieren können, um sich auf eine Verteidigung vorzubereiten.

Anklagepunkt 1: Irreführung der Behörden durch falsche Angaben der Staatsbürgerschaft, Herkunft, Beruf.

Anklagepunkt 2: Ungesetzliches Erlangen einer Gewerbeberechtigung.

Anklagepunkt 3: Falsche Angaben zu Namen und Status ‚KZ-Häftling'. Bei letzterem Delikt sei der Republik ein Schaden durch die Zahlung der Wiedergutmachung von 24 000 Schilling entstanden".

Als letzten Vorwurf musste sich Schulim Mandel noch die angebliche Bestechung eines Beamten der Bezirkshauptmannschaft Linz-Land gefallen lassen.

Verunsichert durch die unerwartet lange Abwesenheit ihres Gatten rief Rosa Mandel am Nachmittag desselben Tages bei der Polizei an. Sie fiel aus allen Wolken, als sie von der Inhaftierung ihres Gatten erfuhr. Ihrer Bitte, ihren Gatten kurz ans Telefon zu holen, wurde nicht entsprochen.

Am Morgen des folgenden Tages wandte sich Frau Mandel an den ihrer Familie bekannten Rechtsanwalt mit der eindringlichen Bitte, sich des Falles anzunehmen.

Der Jurist erwirkte in wenigen Tagen Einsichtnahme in die erhobenen Vorwürfe, konnte seiner Klientin aber keine guten Nachrichten überbringen.

„Frau Mandel, ihr Gatte ist in einer prekären Situation", begann der Rechtsanwalt. „Wir müssen nun darauf hinwirken, die behördlichen Vorwürfe allesamt zu widerlegen, was sicher nicht von einem Tag zum anderen geschehen könnte".

Der Rechtsanwalt legte eine Pause ein und blätterte in dem vor ihm liegenden Aktenstoß.

„Es müssen die relevanten Anträge und Protokolle der Behörden beschafft werden, um Abschriften aus dem Geburts- und Namensregister der Heimatgemeinde ihres Gatten angesucht und Zeugen zu den unrichtigen behördlichen Anschuldigungen gesucht und gefunden werden. Ich denke, es ist ihnen bewusst, Frau Mandel, was das für ein Zeit und Arbeitsaufwand ist".

Frau Mandel antwortete: „Ja, das sehe ich ein. Ich bitte sie nur inständig, Herr Doktor, unternehmen sie alle Schritte, die zur Entlastung meines Gatten erforderlich sind. Ich werde mit ihm sprechen und ihn bitten, sich in Geduld zu üben. Das wird er verstehen. Und wenn er weiß, dass sie die Sache bearbeiten, wird er wieder Mut schöpfen. Es ist sicherlich nicht leicht für ihn, von seinem Arbeitsplatz direkt im Gefängnis zu landen. Konfrontiert mit einer Anzahl unrichtiger, erfundener und konstruierter Anklagen". Dann fügte sie noch an: „Wer ist eigentlich der Ankläger?"

„Nun, das kann ich aus den Dokumenten nicht herauslesen. Offiziell ist natürlich die Behörde das anklagende Organ. Sie ist verpflichtet, all diesen Dingen nachzugehen. Können sie mir vielleicht sagen, ob ihr Mann sich mit jemandem in Streit befand, irgendeinen Feind hat?"

Frau Mandel konnte diese Frage nicht beantworten. Sie hatte jedoch Hoffnung geschöpft und erwartete die baldige Aufhebung der Haft ihres Mannes.

Aber es kam ganz anders. Der Rechtsanwalt stellte einen Antrag auf Aufhebung der Haft, dem vorerst nicht stattgegeben wurde. Im Gegenteil, er wurde offiziell von der bevorstehenden Überstellung Schulim Mandels vom Polizeigewahrsam in das Bezirksgericht Enns in Kenntnis gesetzt. Das bedeutete für den Häftling eine Verschärfung der Lebensumstände. Konnte er als Untersuchungshäftling den Besuch seines Anwaltes zu jeder Zeit erhalten, unterlag dies jetzt der strengen Regulierung aller Besuchszeiten durch die Justizbehörde.

Auch für Rosa Mandel war dies eine weitere Hürde. Fast schien es unmöglich, einen Besuchstermin bei ihrem Mann zu erhalten. Sie verfasste in aller Eile einen Besuchsantrag, der unbeantwortet blieb. Daraufhin machte sie sich auf den Weg zum Büro der Justizhaftanstalt. Dort bedeutete man ihr, sie solle auf das Erscheinen des Haftrichters warten, der gewöhnlich um zehn Uhr vormittags eintreffen würde.

Und tatsächlich. Ihr Name wurde aufgerufen und sie sah sich einem hinter dem Schreibtisch sitzenden Justizbeamten gegenüber, der sein Haupt über einen Aktenfaszikel gebeugt hielt. Er begrüßte die eintretende Frau ohne aufzublicken.

„Grüß Gott, ‚Frau Wiesenthal'. Jetzt hob der Beamte seinen Kopf und blickte auf seine Besucherin. Allerdings sah er seinen Irrtum umgehend ein und berichtigte sich.

„Ach, das tut mir Leid, sie mit dem falschen Namen angesprochen zu haben, Frau Mandel. Aber über den Namen ‚Wiesenthal' hinweg zu kommen, ist ebenso schwierig, wie mit dem Bundespräsidenten Kaffee zu trinken". Er lächelte selbstgefällig über die nach seiner Meinung humorvolle Bemerkung.

Nach Humor war Frau Mandel allerdings nicht zumute. Sie kam gleich auf den Grund ihres Besuches zu sprechen:

„Ich möchte ihre Zeit nicht über Gebühr in Anspruch nehmen, Herr Doktor", begann sie und hielt kurz inne um die Reaktion ihres Gegenübers abzuwarten. Dessen Gesicht blieb aber unbeweglich.

„Nun, sie werden sich denken können, warum ich hier bin. Nach der mir und meinem Rechtsanwalt bekannten Aktenlage ist mein Mann mit zahlreichen angeblichen Delikten konfrontiert. Mein Mann führt seit Jahren hier in Oberösterreich ein Texilwarengeschäft und eine Schneiderei, hat Angestellte, zahlt seine Steuern und hat aus eigener Entscheidung auf Hilfszahlungen für Holocaust Opfer verzichtet, als er geschäftlich wieder auf eigenen Beinen stand. Er ist im Besitz einer aufrechten Gewerbeberechtigung, für die er ja alle erforderlichen Unterlagen beibringen musste. Die Beschaffung von Dokumenten aus unserer ehemaligen polnischen Heimat ist nicht möglich, weil alle Akten der Bevölkerung durch Kriegseinwirkungen vernichtet wurden. Entlassungspapiere durch die Alliierten aus dem KZ gibt es keine, weil meinem Mann ja die Flucht von einem ‚Todesmarsch' gelang. Aber alles das ist der Behörde ja bekannt. Wieso also plötzlich diese haltlosen Vorwürfe?"

„Liebe Frau Mandel, so sind eben die Mühlen der Justitia", begann der Beamte salbungsvoll und schickte sich an, die Verfahrenswege minutiös zu schildern.

Rosa Mandel unterbrach die Rede und erbat bloß einen Sonderbesuchstermin. Der Beamte zeigte Verständnis und füllte ein Formular aus. Er stand auf und übergab es umständlich.

„Wir sind ja keine Unmenschen. Es tut mir für sie Leid, dass ich weder Anklage noch Haft ihres Mannes rückgängig machen kann. Dafür ist die Aktenlage zu gravierend und dazu wäre ich auch nicht befugt".

Mit diesen Worten führte er Rosa Mandl zur Tür, die er für sie öffnete und sie mit einer kleinen Verbeugung verabschiedete.

Rosa Mandel hetzte die Gänge entlang und fand schließlich den Gefängnistrakt. Dort wurde sie in ein Besprechungszimmer geführt, das in der Hälfte durch einen Maschendraht geteilt war. Sie nahm auf einem Sessel neben einem Wachebeamten Platz. Sie vermutete, dieser sollte als Zeuge des bevorstehenden Gesprächs mit ihrem Mann dienen.

Schulim Mandel betrat die gegenüberliegende Seite des Besucherzimmers. Er war mit Handschellen gefesselt, die ihm nun ein weiterer Beamter abnahm. Er wirkte völlig verstört und Rosa Mandel konnte die Zeichen der Entbehrung in der Haft auf seinem Gesicht erkennen.

Schulim Mandel bat seine Frau, Wiesenthal aufzusuchen und ihn um Intervention bei diesem gegen ihn gerichteten Verfahren zu ersuchen. Er wäre ein einflussreicher Mann mit einem großen Bekanntenkreis wichtiger Männer, für die es ein Leichtes wäre, in dieser Sache hilfreich einzugreifen. Besonders, da es sich um haltlose Anschuldigungen handelte. Aber bis er, Schulim Mandel alle Gegenbeweise zur Verfügung hätte, würde viel Zeit verstreichen. Und der Aufenthalt im Gefängnis wäre alles andere als komfortabel.

Selbstverständlich wollte sie im Beisein von Sohn Abraham ihrem Gatten diesen Gefallen tun. Sie unterbrach jedoch die weitere Rede ihres Mannes, da ihr die begrenzte Besprechungszeit bekannt war. Beim Verlassen des Raumes warf sie nochmals einen Blick auf Schulim Mandel.

Sie sah, wie ihm der Beamte wieder die Handschellen anlegte.

Wie bei einem Kapitalverbrecher, kam es ihr in den Sinn.

IX
Gespräch mit dem Herrn Ingenieur

Sehr zu ihrem Erstaunen erreichte sie einen umgehenden Gesprächster-
min beim ‚Herrn Ingenieur‘.

Das Gespräch mit Simon Wiesenthal im Beisein ihrer Söhne hat Rosa
Mandel Zeit ihres Lebens niemals vergessen. Zum vereinbarten Zeitpunkt fand sie sich im Vorzimmer des Büros des Leiters des "Zentrums
für jüdische historische Dokumentation" ein.

Vorerst wurde sie recht freundlich empfangen. Simon Wiesenthal plau-
derte über seine gegenwärtige und zukünftige Arbeit. Er sei nun seit
dem Jahr 1953 von der Oberösterreichischen Landesregierung als Öster-
reicher eingebürgert worden, erzählte er mit einem gewissen Stolz. Nun
habe er die Übersendung aller von ihm gesammelten Unterlagen über
den Holocaust und seine Beteiligten nach Yad Vashem organisiert. Über
eine Tonne jüdische Zeitgeschichte, wie Wiesenthal anmerkte. Er selbst
würde den Transport begleiten und einige Zeit in Israel verbringen.

Dann kam die Inhaftierung Schulim Mandels zur Sprache. Wiesenthals
Ton änderte sich nun schlagartig. Schulim Mandel werde fünf Jahre im
Gefängnis sitzen, meinte er kalt und ohne jede Empathie. Rosa Mandel
konnte ihren Ohren nicht trauen, was dieser Mann dann völlig unverblümt vor ihr aussprach:

„Nu, jetzt haben wir ihren Mann einmal begraben. Daran führt leider
kein Weg vorbei. Er hätte sich früher besinnen müssen, auf welcher Seite er stehen wolle. Aber er wird sicher in fünf Jahren auferstehen, das
heißt, er wird entlassen. So liegt die Geschichte nun einmal und daran
kann auch ich nichts ändern. Zeit vergeht sowieso schnell“.

Was die Nazis nicht schafften, hat Wiesenthal vollendet.

X
Aguda Israel

Der Vorstellung der Israelischen Partei Aguda Jisra'el nach kann eine nationale Erlösung nicht durch die politische Bewegung des Zionismus, sondern ausschließlich durch die Befolgung aller in der Tora verankerten religiösen Gebote (Mitzwot) erreicht werden. Dennoch versucht die Partei, größtmöglichen Einfluss auf die weltanschauliche Ausrichtung des Staates Israel auszuüben. Diese erzkonservative Partei wird von wichtigen Geldgebern und Finanzinstituten gesponsert. Die nicht unerheblichen Mittel der Partei wurden immer schon in krisensicheren Immobilien angelegt.

Es wurde Frau Mandel von Freunden nahe gelegt, sich an den Präsidenten der in Österreich etablierten Zweigstelle der Aguda Israel, Herrn Benjamin Schreiber zu wenden. Vielleicht wüsste dieser Rat. Präsident Schreiber erwies sich als äußerst hilfsbereit. Er erwähnte Frau Mandel gegenüber, er selbst sei ebenfalls KZ Häftling gewesen und hätte viele Torturen durch die Kapos erdulden müssen. Er versprach umgehend ein im Besitz der Organisation befindliches Haus sowohl zu Aufenthaltszwecken als auch als Sicherstellung, einer Art Kaution, für die Freilassung Schulim Mandels zur Verfügung zu stellen.
Alles schien sich nun zum Besseren zu wenden, wäre es nicht wieder zu negativen Interventionen seitens Simon Wiesenthal gekommen.
Als er von der bevorstehenden Sicherstellung erfuhr, setzte er alle Hebel in Bewegung, um die Aufhebung der Haft Schulim Mandels zu verhindern. Er wollte doch nicht als Verlierer in diesem Fall dastehen.
Es ist nahezu unglaublich, wie so etwas geschehen konnte. In den JTA, der Jewish Telegraphic Agency, einer 1917 gegründeten und seit 1922 in New York City ansässigen Presseagentur, erschien am 18. Dezember 1950 folgender Artikel:

Austrian Agudas Israel Leader Released from Jail; Blasts Authorities for Arrest
December 18, 1950

VIENNA (Dec. 17)

Benjamin Schreiber, president of the Agudas Israel and of the Poale Agudas Israel of Austria, was this week-end released from prison where he had been held since last month on charges of violating currency and customs regulations.

Today Mr. Schreiber called a press conference and lashed out at the authorities for the manner in which he had been treated. He charged that he was originally arrested on the basis of documents which were proven to be forged. In addition, he said, two men who testified against him had disappeared when forced to substantiate their charges.

Benjamin Schreiber, Präsident der Aguda Israel für Österreich, wurde dieses Wochenende freigelassen, nachdem er seit letztem Monat wegen angeblicher Verletzung von Währungs- und Zollvorschriften inhaftiert gewesen war.

Heute gab Herr Schreiber eine Pressekonferenz, in der er die Vorgangsweise der Behörde scharf kritisierte, die seine Haft aufgrund von Dokumenten anordnete, die man von vornherein als gefälscht hätte erkennen müssen. Außerdem verschwanden zwei Zeugen, die gegen ihn aussagten, als sie ihre Anschuldigungen belegen sollten.

Die skandalöse Inhaftierung Benjamin Schreibers verzögerte natürlich die Bemühungen des Präsidenten der Aguda Israel in Österreich im Fall Mandel.

Ebensowenig wurde dem wiederholten Ansuchen der Namhaftmachung der Person des vorerst anonymen Anzeigers entsprochen. ‚Eingriff in eine laufendes Verfahren' hieß es immer seitens der Justiz. Für Insider war die ‚Handschrift Wiesenthal' jedoch klar erkennbar.

In dieser Zeit musste Frau Mandel auch erfahren, dass ihr Besuche bei ihrem Mann in der Haftanstalt wegen ‚Flucht, Verabredungs- und Verdunkelungsgefahr' verwehrt würden.

Rosa Mandel machte auf den äußerst schlechten Zustand ihres Mannes infolge der langen Haft aufmerksam und ersuchte um intensive medizinische Versorgung. Ihr Ersuchen um den Besuch eines Facharztes und der Gewährung wichtiger Medikamente wurde leider nicht entsprochen.

Als Simon Wiesenthal zu Ohren kam, dass einzelne jüdische Mitbürger im Lager Asten versuchten, der Familie Mandel zu helfen, ihr mit einem Rat zur Seite zu stehen, oder auch nur mit Rosa Mandel zu sprechen, sorgte der mächtige Ingenieur dafür, dass die vom American Joint ausgezahlten Unterstützungsgelder für diese Leute zurückgehalten wurden. Niemand durfte mit der Familie Mandel auch nur Sprechen! Der Druck, insbesondere auf Rosa Mandel, wuchs ins unermessliche.

Ohne eine einzige Ansprechperson im Lager war sie bald bar jeder Hoffnung. In ihrer Verzweiflung beschloss Rosa Mandel eines Tages, vor ihrer Baracke auf den Pfarrer von Asten zu warten. Immer zur selben Uhrzeit spazierte der katholische Dorfpfarrer vom Dorf durchs Lager zu den Schulbaracken, wo er für die katholischen Kinder Religion unterrichtete.

Als der Pfarrer, ein großer dicker Mann mit einem offenen Gesicht, an diesem Tag die weinende Frau vor ihrer Baracke bemerkte, sprach er sie an und fragte, was denn vorgefallen sei, dass sie so verzweifelt sei. Rosa Mandel erzählte unter Tränen davon, was der Familie zugestoßen war und wie ihr Mann gänzlich unschuldig im Gefängnis einsitzen musste. Der Pfarrer war außer sich, als er sich alles angehört hatte. Seine Antwort, mehr zu sich selbst gesprochen, war:

„Wie ist es möglich, dass so etwas bei den Brüdern Moses geschehen kann!?"

XI
Enthaftung

Aber letztlich trat doch eine Wende in Schulim Mandels Schicksal ein. Das Gericht anerkannte die entlastenden Argumente, die in Form der der Aguda Israel vorgebracht wurden, und setzte ihn auf freien Fuß. Präsident Schreiber war das Beschaffen der entlastenden Dokumente im ‚Fall Schulim Mandel' zu danken. Wann immer das Besorgen von Schriftstücken, Urkunden und Zeugenaussagen vielleicht unmöglich, zumindest mit großer Verzögerung erledigt hätten werden können, brachte die Autorität des Präsidenten Tempo in den Ablauf.

Und so konnte Schulim Mandel der Behörde sämtliche verlangten Unterlagen zum Beweis seiner Unschuld beibringen. Aufgrund des Anratens der Rechtsanwälte stellte Schulim Mandel ein Gesuch um Haftentschädigung und Vergütung der Kosten für die Beibringung der entlastenden Dokumente an die Justiz. Der abweisende Bescheid kreuzte sich mit der Forderung des Gerichtes, Gerichtsgebühren, Prozesskosten und Personalentschädigung zu bezahlen.

Nun war Schulim Mandel freigesprochen, aber nicht rehabilitiert. Dieser Wiederherstellung seiner Würde widmete er neben den Tätigkeiten in seinem Unternehmen einen großen Teil seiner Zeit.

Die Familie Mandel konnte nun verfolgen, was ein energischer, hartnäckiger Freund zu bewirken im Stande war. Präsident Schreiber wechselte den Anwalt. Dieser beantragte umgehend Einsichtnahme in die Prozessakten. Woher kamen die Anschuldigung, welche Unterlagen sollen als Beweise für Schulim Mandels Manipulationen dienen? Was waren die zwingenden Gründe der Inhaftierung eines Mannes, der ohnedies keine Möglichkeit zur Flucht hatte?

Dem Antrag des Anwaltes wurde seitens der Behörde nur zögerlich entsprochen. Wieder kam eine Weisung der Bezirkshauptmannschaft ins Spiel. Aus den Augenwinkeln heraus konnte Schulim Mandel anlässlich einer Besprechung in einem Gerichtsbüro die Unterschrift Dr. Hofingers auf einem am Schreibtisch liegenden Schriftstückes erkennen. Der vor dem Polizeijuristen sitzende Antragsteller wusste inzwischen mehr über diesen politischen Wendehals, der infolge einer Ruhr-Erkrankung von der deutschen Armee auf den gefahrlosen Posten eines stellvertretenden Landesrates gesetzt wurde. Vermutlich hatte die niedrige NS-Mitgliedsnummer das Ihrige dazu beigetragen. Schulim Mandel verteidigte seine Sache nach Recht und Gewissen. Er müsse zur endgültigen Rehabilitation endlich Einsicht in die Akten der gegen ihn gerichteten Beschuldigungen Einsicht erhalten.

Der ihm gegenüber sitzende Jurist kratzte sich am Hinterkopf. Eine Geste der Unschlüssigkeit. Ja, es täte ihm Leid, dass er den Antrag nicht weiter verfolgen könne. Bei diesen Worten schielte der Beamte auf das von Dr. Hofinger unterfertigte Dokument. Aber die Akte seien unauffindbar, setzte er bedauernd fort. Aber die diversen Verfahren seien ohnedies im Sand verlaufen. Herr Ingenieur Wiesenthal hätte dies vor geraumer Zeit verfügt.

Schulim Mandel konnte verfolgen, wie sich der Beamte auf die Zunge biss. Er hatte erkannt, zu viel gesagt zu haben.

Der Rechtsanwalt der Familie Mandel fand schließlich heraus, dass es zu dieser Zeit übliche Praxis beim Gericht war, Akten, denen keine weiteren Anklagepunkt hinzugefügt werden konnten und für die eine Aussicht auf positive Justizentscheidungen mehr als fraglich war, verschwinden zu lassen.

Zwar in seiner Unbescholtenheit nicht wiederhergestellt, jedoch als freier Mann verließ Schulim Mandel das Gerichtsgebäude.

XII
Bar Mitzwa

Unter einer Bar Mitzwa (Bat Mitzwa für Mädchen) versteht man die Zeremonie zu Beginn der religiösen Mündigkeit im Judentum. Jungen erreichen ihre religiöse Mündigkeit, wenn sie das 13. Lebensjahr vollendet haben. Die Bar Mitzwa feiert den Zeitpunkt, von dem an ein Junge

Eine Bar-Mizwa-Zeremonie in Jerusalem

für die Einhaltung der jüdischen Gebote verantwortlich ist.

Die Bar Mitzwa-Zeremonie läuft in den verschiedenen progressiven Synagogen sehr unterschiedlich ab. Im Allgemeinen liest die betroffene Person an einem Schabbatvormittag den Wochenabschnitt aus der Thorarolle (einige lesen, einige singen, einige lesen und übersetzen) und sagt die Lobsprüche vor und nach der Lesung. Gewöhnlich ist der Junge für die gesamte Thoralesung verantwortlich, nicht nur für die letzten Verse (Maftir), wie es in vielen orthodoxen Synagogen üblich ist.

Verwandte und Freunde haben Geschenke für den Jungen. Es wird nahegelegt, Geschenke mit einer jüdischen Bedeutung zu geben, die zum Anlass passen, zum Beispiel einen jüdischen Ritualgegenstand. Viele Familien haben anschließend eine private Feier, an der viele Gäste aus Familie und Freundeskreis teilnehmen. Zu aller Gäste Freude werden Süßigkeiten über den jungen Mann geworfen, die hauptsächlich von den Kleinen gerne aufgelesen und verspeist werden.

Umso größer war Schulim Mandels Enttäuschung, dass die von ihm mit Sorgfalt und Freude ausgerichtete Feier für seinen Sohn nicht stattfand. Was war geschehen? Schon während der religiösen Vorbereitungen seines Sohnes Abraham wurde die umfangreiche Gästeliste erstellt und die Barches (koscheres Gebäck) in Auftrag gegeben. Plötzlich jedoch traf Absage nach Absage ein. Zuletzt verblieben kaum eine Handvoll Gäste. Wieder einmal war der ‚Herr Ingenieur‘ tätig. Selbst, aber auch durch seine Helfershelfer ließ er wissen, dass bei einer Teilnahme an der Bar Mitzwa-Feier von Sohn Abraham ein Eingriff in die bestehende finanzielle Unterstützung für die meist aus ehemaligen KZ-Häftlingen und sonstigen Flüchtlingen bestehenden Gäste an der Feier denkbar wäre.

Die Bar Mitzwa-Feier für Abraham Mandel wurde niemals nachgeholt.

XIII
Die Jeans-Attacke

Im Frühling 1969 hatte Schulim Mandel in Erfahrung gebracht, dass im Wiener Zolllager eine große Menge der damals sehr modernen, aber nicht leicht und nicht billig zu erhaltenden Jeanshosen lagerte.

Während eines Wienbesuches schlug er zu. Gegen bares Geld erwarb er ein kleineres Kontingent dieser Bekleidungsstücke. Diese wurden werbemäßig in den folgenden Tagen vom Textilhaus Mandel den Kundinnen und Kunden angeboten

Später konnte Schulim Mandel nicht sagen, wie die Information dieser durchaus legalen Transaktion an Simon Wiesenthal gelangen konnte. Offensichtlich hatte er seine Augen überall und seine Hände in jedem nur erdenklichen Geschäft.

Nicht vorhersehbar und unerwartet flatterte die Eröffnung eines Strafverfahrens wegen Zoll- und Finanzvergehen in das Textilhaus. Schulim Mandel sollte 5.000 Paar Jeanshosen ohne Rechnung und unter Umgehung der Einfuhrvorschriften erworben und bereits zum Kauf angeboten haben.

Es begann, wie es schon immer begonnen hatte. Schulim Mandel wurde ersucht, ins Polizeipräsidium zur Anfertigung eines Protokolls zu kommen. Er blickte aus der Tür seines Ladens in den Hof, ob dort nicht ein kleiner polizeigrüner Einsatzwagen stünde. Nein, die Luft war rein. Die Zeiten hatten sich inzwischen geändert und Kidnapping war nicht mehr Sache der Exekutive.

Schulim Mandel griff nach dem Telefonhörer. Als er sich durch die diversen Dienststellen durchgefragt hatte, landete er bei dem Beamten, der für den Fall zuständig war. Er ersuchte diesen, doch umgehend einen Augenschein in dem Textilunternehmen Mandel durchzuführen. Da könnte sich der Beamte einen Überblick über das Volumen und die Buchhaltung machen. Man könnte da von Mann zu Mann über den Fall sprechen.

Was immer sich der Beamte bei Schulim Mandels letzten Worten gedacht haben mochte, er erschien jedenfalls vereinbarungsgemäß am folgenden Tag.

Nach Einsicht in die Buchhaltung erkundigte sich der Besucher nach dem Warenlager. Das ganze Unternehmen mit Lager, Schneiderei und Büro wäre nicht größer als 90 m², wandte Schulim Mandel ein. Wie könne er da 5.000 Paar Jeanshosen samt Verpackung lagern?

Nichts desto weniger, der Beamte wäre verpflichtet, jedem Hinweis penibel nachzugehen, betonte dieser.

Da platzte Schulim Mandel der berühmte Kragen. Er führte seinen Besucher zu einer kleinen Tür. Mit einer Handbewegung der Höflichkeit ermunterte er den Beamten, die Tür zu öffnen. Es war das WC.

XIV
Exodus aus Oberösterreich

Es kam zu keiner weiteren Verfolgung der Angelegenheit. Der Beamte der Steuerfahndung erwies sich letzten Endes als einsichtig und sogar freundlich. Schließlich meinte er zu meinem Vater: „Sie sind doch einer der ersten Steuerzahler in Oberösterreich. Ich verstehe das nicht. Was wollen die von Ihnen?!"
Bei Schulim Mandels letztem Besuch im Präsidium deutete der Jurist auf einen nicht unbeträchtlichen Stoß von Akten auf seinem Schreibtisch.
„Und auf jedem Faszikel steht der Name Mandel drauf", wurde ihm erklärt. Er müsse sehr gefährliche Feinde in hohen Stellen haben, erfuhr er weiter. Und dann kam ein folgenschwerer Rat: ‚Warum verließe Herr Mandel nicht das Land Oberösterreich und baue sich eine neue Existenz in Wien auf, wo eben nicht jeder jeden kennt'.

XV
Wien

In diesem Jahr begann der Sommer sehr früh. Die Sonne schien von einem heiteren Himmel und die Menschen erfreuten sich an einer unverhofft frühen Blumen- und Blütenpracht. Familie Mandel übersiedelte nach Wien. Im 2. Wiener Gemeindebezirk wurde das Unternehmen neu eröffnet. Schulim Mandel bewies einmal mehr seine Tatkraft und Energie.

Einmal war Schulim Mandel wegen einer geschäftlichen Angelegenheit im Laden der befreundeten Firma Lekotex. Die Firma gehörte der Familie Weinblatt und wurde von Franek Weinblatt geführt, der wie Schulim Mandel aus Polen stammte. Als die beiden Geschäftspartner und Freunde im Geschäftslokal am Salzgrieß in der Wiener Innenstadt ins Gespräch vertieft waren, betrat plötzlich Jidl Frenkl den Laden. Alle in Wiens jüdischer Gemeinde wussten, dass Frenkl im KZ ein Kapo war, daher wollte auch niemand mit Frenkl, der im ersten Bezirk ein Juweliergeschäft führte, etwas zu tun haben. Und jeder wusste auch, dass Frenkl mit Wiesenthal befreundet war.

Franek Weinblatt stellte Frenkl seinen Freund Schulim Mandel vor, der Frenkl niemals zuvor persönlich getroffen hatte. „Darf ich vorstellen, das ist der Herr Mandel." Frenkl, der bei der Eingangstür stand, erwiderte: „Sind sie nicht der Herr Mandel, der Probleme hat mit dem Ingenieur Wiesenthal? Sie haben sicherlich viel angestellt. Sie sind kein Guter, nicht umsonst hat man Sie einsperren lassen!"

Schulim Mandel war einen Moment sprachlos über diese unverschämte Beschuldigung eines Mannes, den er nicht kannte und dem er niemals zuvor begegnet war. Nach einer kurzen Pause erwiderte Schulim Mandel ganz ruhig und gefasst: „Wer sind Sie, dass Sie sich erlauben, solche Anschuldigungen auszusprechen? Sind Sie nicht der berühmte Herr Jidl Frenkl, der Kapo?"

Da drehte Frenkl auf dem Absatz um und verließ das Geschäft während er noch stammelte: „Entschuldigen Sie, ... da bin ich wohl sehr schlecht informiert worden."

Das Leben in Wien ging weiter, der Konflikt Simon Wiesenthals mit Schulim Mandel und die unschuldig verbüsste Haft in Oberösterreich wurden seitens der Behörden und ebenso von der Israelitischen Kultusgemeinde Wien mit dem Mantel des Schweigens bedeckt. Nie gab es eine Entschuldigung von Seiten der Oberösterreichischen Justiz für die juristisch nicht gedeckte Verhaftung und lange Untersuchungshaft Schulim Mandels - ganz zu schweigen von einer Entschädigung. Später sollte sich herausstellen, dass die entsprechenden Unterlagen des Gerichtes zu diesem Fall offenbar bereits in den 1960er Jahren, kurz nach den Ereignissen, von hoher Stelle vernichtet worden sind.

Ebenso war Wiesentals ungeheure Anschuldigung und sein bösartiges und inakzeptables Vorgehen gegen einen seinen Glaubensbrüder und - als ehemaliger KZ-Häftling - Schicksalsgenossen bei der Israelitischen Kultusgemeinde ein Tabuthema. Als der renommierte israelische Autor und Journalist Tom Segev für seine große, 2010 erschienene Wiesenthal Biografie recherchierte, erhielt er über Eli Rosenbaum, den früheren Direktor des Office of Special Investigations im amerikanischen Justizministerium, Einsicht in das Vermächtnis Schulim Mandels. Rosenbaum war im Archiv der IKG Wien auf das Dokument gestoßen. In diesen, sechs eng beschriebene Schreibmaschinenseiten umfassenden Aufzeichnungen, werden Wiesenthals Winkelzüge und Verleumdungen im Detail beschrieben. Man hat also auch in der Israelitischen Kultusgemeinde in Wien von Wiesenthals Machenschaften gewusst, zog es jedoch vor, darüber zu schweigen.

Nichtsdestotrotz begann der Handel der neuen Wiener Firma aufgrund des geschäftlichen Geschicks von Schulim Mandel zu florieren, die Firma Mandel fand weit über die Fachkreise hinaus Anerkennung. Sohn Abraham trat in das Unternehmen ein und bereitete sich auf die Übernahme vor.

Vater Schulim ging es gesundheitlich allerdings nicht gut. Seine Jahre im KZ, die mühsame Reise in den Nahen Osten und Rückkehr nach Europa hatten ihm stark zugesetzt. Zusätzliche verheerende Auswirkungen auf seine Gesundheit hatten auch die ständigen Sorgen und vor allem die Haft in Enns, für die Simon Wiesenthal verantwortlich zeichnete.

Schulim Mandel pflegte zu sagen:
„Ich habe gegen ihn gewonnen, aber keinen Sieg errungen".
Letztlich hatte dieser beklagenswerte Mann jedoch verloren:
sein Leben.

Er verstarb mit nur 47 Jahren. Vielleicht gibt es irgendwann doch Gerechtigkeit?

~

Brief an meinen Vater

Papa

ich danke den Leserinnen und Lesern dieses Buches für deren Interesse am Deinem Schicksal. Ich habe mich bemüht, die Tragik Deines Lebens – das von Simon Wiesenthal vom Zaun gebrochene Zerwürfnis, das letztlich Dein Leben zerstörte – in eine historische Erzählung zu fassen. Die vorliegende Beschreibung der Umstände ist schwierig genug. Dieses Leid, das Zerstören eines Lebens aus niederen Motiven heraus in Worte zu kleiden, ist nahezu unmöglich. Umso mehr möchte ich Deinem Gedenken Gerechtigkeit angedeihen lassen. Du sollst wissen, dass ich alles mir Mögliche getan habe, Dein Bild einer hoffentlich gerechteren Nachwelt zu überliefern.
Geschichte ist wie der Sand in der Wüste. Darin hinterlassen wir Menschen mit unseren Tritten die Spuren unseres Lebens. Darüber weht dann der Wind des Vergessens, der die Sandkörner über den Boden trägt, Spuren verdeckt und letztlich unkenntlich macht.
Ich wollte, der Wind möge so lang wie möglich Deine Spuren nicht mit Sand bedecken.

Dein Sohn

Epilog

Obwohl die im Buch beschriebenen Geschehnisse inzwischen mehr als sechs Jahrzehnte zurück liegen, lassen sie mich nicht zur Ruhe kommen. Sie treiben mich tagsüber um und verfolgen mich bis in den Schlaf. Es kommt immer wieder zurück. Regelmäßig wache ich in der Nacht schweißgebadet auf, aus dem Schlaf gerissen von der meiner Familie widerfahrenen Ungerechtigkeit. Das ungesühnte Unrecht und die niederträchtige Denunziation durch Simon Wiesenthal, die mein Vater erleben musste, macht mir heute mehr zu schaffen, als noch vor einigen Jahrzehnten, als mich die Unbedarftheit der Jugend vor der Tragweite der Ereignisse zumindest zu einem gewissen Maße beschützte.

Schulim Mandel war zwei Monate in Steyr im Gefängnis – unschuldig, aufgrund der frei erfundenen Anschuldigungen von Simon Wiesenthal. Obwohl sich der Gesundheitszustand meines Vaters während seiner Haft stark verschlechterte, auch weil ihm seine Medikamente verwehrt wurden und dem bereits an einer schwachen gesundheitlichen Konstitution leidenden Mann eine adäquate medizinische Versorgung verwehrt blieb, hat sich die Justiz Österreichs oder des Landes Oberösterreich nie offiziell für diese erlittene Unrecht entschuldigt, von einer Rehabilitation oder gar einer Haftentschädigung ganz zu schweigen. Von niemandem der von mir angesprochenen Amtsträgerinnen und Amsträgern der Republik gab es irgendeine Reaktion. Die freie Meinung ist in der österreichischen Demokratie nur ein schönes Ideal, das lediglich am Papier existiert.

Selbst war ich mehrmals in Enns und habe versucht, beim Gericht Nachforschungen anzustellen und Einsicht in die Prozessakten zu bekommen. Das Bezirksgericht Enns ist allerdings schon seit geraumer Zeit mit dem Landesgericht Linz zusammengelegt worden. Die Akten und Gerichtsprotokolle aus Enns aus der Zeit der Verhaftung Schulim Mandels sind nicht mehr vorhanden. „Es tut mir leid. Sie wissen, wie es damals war", wurde mir von einem sehr bemühten, jungen Richter ausgerichtet. „Die Richter haben sich miteinander abgesprochen und in großen Fässern wurden dann die Akten verbrannt. Was ihnen nicht gepasst hat, wurde vernichtet." Der junge Richter fügte noch den bezeichnenden Satz an: „Damals war ja alles mit Nazis besetzt".

Ist es ein Zufall, dass ausgerechnet die Akten der Fälle, an denen Simon Wiesental beteiligt war, spurlos verschwanden und heute nicht mehr existieren? Somit ist auch keine Rehabilitation mehr möglich, weil der Fall Schulim Mandel offiziell gar nicht stattgefunden hat. Dennoch ist mein Vater Schulim Mandel, auch an den Folgen dieser Haft, mit nur 47 Jahren gestorben. Der Staat Österreich trägt damit eine nicht ungewichtige Mitschuld am Unglück, das meiner Familie widerfahren ist.

Als ich zusammen mit meiner Mutter bei Simon Wiesenthal in seinem Büro in Linz war, sagte Wiesenthal ganz ruhig und völlig kalt: „Schulim Mandel wird mit einer sehr hohen Kaution freikommen oder er wird fünf Jahre im Gefängnis sitzen." So war es bereits ausgemacht, und genauso stand es dann später auch im Gerichtsprotokoll. Bereits damals im Büro des „Zentrums für jüdische historische Dokumentation" an der Goethestraße 63 in Linz, im Alter von 12 Jahren, realisierte ich: Simon Wiesenthal war ein eiskalter Mensch, ohne Gewissen und ohne jedes Mitgefühl für seine Mitmenschen. Ich habe mit vielen Menschen über den Konflikt zwischen meinem Vater Schulim Mandel und Simon Wiesenthal gesprochen. Dabei bemerkte ich, dass die Ungeheuerlichkeiten, zu denen Simon Wiesenthal fähig war, seine dunkle Seite, durchaus vielen Menschen bekannt ist. Ich habe mit vielen Menschen über den Konflikt zwischen meinem Vater Schulim Mandel und Simon Wiesenthal gesprochen. Dabei bemerkte ich, dass die Ungeheuerlichkeiten, zu denen Simon Wiesenthal fähig war, seine dunkle Seite, durchaus vielen Menschen bekannt ist.

In einem Gespräch mit Dr. Leon Zelman etwa, dem Mitbegründer des Jewish Welcome Service Vienna, sprach Dr. Zelman glaubhaft davon, wie er Wiesenthal im KZ als Kapo im Einsatz und auf KZ-Häftlinge einschlagend gesehen habe. Ebenso werden die Schattenseiten Simon Wiesenthals in der großen Biografie des israelischen Autors und Historikers Tom Segev klar zur Sprache gebracht.

Guy Walters widmet der Person Wiesenthal ein Kapitel seines monumentalen, 2009 erschienenen Werkes „Hunting Evil" über die Bestrebungen, entkommene Kriegsverbrecher der NS-Zeit vor Gericht zu bringen. Darin weist er akribisch nach, dass Wiesenthal mehrfach gelogen hat in Bezug auf die eigene Rolle bei der Jagt nach prominenten Nazi-Kriegsverbrechern. Walters Formulierung auf Seite 117 von „Hunting Evil" ist unzweideutig: „Er war ein Lügner, und zwar ein schlechter." Er geht sogar noch weiter mit der Aussage, dass Jeder, der beruflich mit Wiesenthal zu tun gehabt habe, erkennen musste, dass der Mann nicht viel mehr als ein Selbstdarsteller war, der die Rolle eines Nazi-Jägers spielte. Letztlich kommt Walters zum Schluss, dass Wiesenthals geringe Wertschätzung der Wahrheit es möglich mache, alles anzuzweifeln, was Wiesenthal jemals geschrieben oder gesagt habe. Walters macht auch mit Nachdruck auf die inkohärenten, widersprüchlichen und zum Teil nachweislich falschen Erzählungen Wiesenthals zu seinem Verbleib 1943 und 1944 aufmerksam. Die mindestens vier völlig unterschiedlichen Berichte Wiesenthals über seine Aktivitäten zwischen Oktober 1943 und Mitte 1944 werfen, betont Walters, ernsthafte Fragen auf. Auch der heftige Konflikt zwischen Simon Wiesenthal und dem ehemaligen österreichischen Bundeskanzler Bruno Kreisky, der Wiesenthal wiederholt beschuldigte, mit der Gestapo kollaboriert zu haben, kommt in Walters Buch zur Sprache. Kreiskys Anschuldigungen basierten auf unhaltbaren Hinweisen des kommunistischen, polnischen Geheimdienstes und die Auseinandersetzung endete bekanntlich mit einer Niederlage Kreiskys vor Gericht. Die Vielzahl widersprüchlicher Geschichten zu Wiesenthals Biografie von 1943 und 1944 erfordere aber, so Walters in „Hunting Evil", dass diesen Fragen von unvoreingenommenen Forscherinnen und Forschern nachgegangen werde.

Der Austausch Wiesenthals mit dem OSI, dem „Office of Special Investigations", wirft ebenfalls kein gutes Licht auf die Wahrhaftigkeit des „Nazijägers" und seinen Beitrag zur Verhaftung von Kriegsverbrechern. Die dem Justizministerium der Vereinigten Staaten unterstellte Behörde war ab 1979 mit der Strafverfolgung von in die USA eingewanderten Nazi-Kriegsverbrechern befasst, bevor sie 2010 zur Human Rights and Special Prosecutions Section (HRSP) umgewandelt wurde. Eli M. Rosenbaum, OSI-Direktor von 1995 bis 2010 und 2021 mit dem angesehenen Elie

Wiesel Award ausgezeichnet, findet harte Worte zu Wiesenthals Methoden und bezichtigt ihn, unter anderem in den Fällen Mengele und Eichmann, inkompetenter und läppischer Fehler und mehr noch, in unentschuldbarer Weise auch Unschuldige angeklagt zu haben.

Auch bei der Israelitischen Kultusgemeinde in Wien wusste man von den unentschuldbaren Anschuldigungen und Winkelzügen Wiesenthals und dem Konflikt zwischen ihm und meinem Vater. Schulim Mandel ließ sein Vermächtnis (Seite 84) auch der Kultusgemeinde zukommen, die sich daraufhin offenbar veranlasst sah, von Wiesenthal eine Stellungnahme dazu einzufordern. Das Vermächtnis Schulim Mandels und die harsche Replik Wiesenthals befinden sich im Archiv der IKG in Wien und werden sowohl von Tom Segev in seiner Wiesenthal Biografie als auch von Guy Walters in seinem Buch „Hunting Evil" als Quelle angeführt. Obwohl Wiesenthals ungeheuerliche Machenschaften somit bereits zu Beginn der 1960-er Jahre der Israelitischen Kultusgemeinde und ihrem damaligen Präsidenten Emil Maurer bekannt waren, blieb die IKG untätig und zog es vor, die Sache unter dem Teppich zu halten. Als ich 2015 mit Ariel Muzikant, der von 1998-2012 Präsident der Kultusgemeinde war, über den Vorfall und meine Pläne für das vorliegende Buch sprach, sagte mit Muzikant unverblümt ins Gesicht, es würde für mich nicht gut ausgehen, wenn ich in meinem Buch etwas Negatives über die Israelitische Kultusgemeinde Wien veröffentlichen würde. Nicht von ungefähr war Muzikant einige Jahre zuvor als Assistent Wiesenthals in seinem wiener Büro beschäftigt – den menschenverachtentenden Umgangston scheint er eins zu eins von Wiesenthal übernommen zu haben.

Von außen schaut es immer ganz anders aus. Es geht auch um den Zusammenhalt unseres jüdischen Volkes. Leider hält dieser Zusammenhalt der Überprüfung durch die Wirklichkeit nicht stand, das jüdische Volk ist nicht anders als andere Völker. Wir machen genauso Fehler, es gibt auch unter den Jüdinnen und Juden Gute und Schlechte.

Die schreckliche Ungerechtigkeit, die meinem Vater durch Simon Wiesenthal widerfahren ist, habe ich als Kind selbst miterleben müssen. Das schreckliche Leid, das die Familie Mandel in der Shoa wie fast alle jüdischen Familien in Europa traf, ereignete sich vor meiner Geburt.

Dennoch verfolgen mich diese Geschehnisse bis heute – ein Los, das ich sicherlich mit der Mehrzahl der europäischen Jüdinnen und Juden der ersten Generation nach der Shoa teile. Meine beiden Eltern haben das KZ überlebt. Die zwei Brüder meines Vaters und seine Eltern, meine Großeltern, waren nicht so glücklich, sie wurden in einem der vielen KZs in Polen ermordet, das selbe schreckliche Schicksal erlitt auch die Familie meiner Mutter. Von der Geschichte der Familie Mandel im Schtetl von Gródek Jagiellonski, wo mein Großvater Abraham Mandel ein blühenden Rohlederhandel betrieb, ist nichts geblieben, alles ist vernichtet worden. Alle meine Versuche, Akten oder Aufzeichnungen bei den zuständigen Behörden in Polen und der Ukraine zu finden, verliefen sich im Sand. Die einzigen schriftlichen Dokumente, die von der Familie Mandel über die Zeit vor dem Zweiten Weltkrieg existieren, sind zwei Einträge bei Yad Vashem in Jerusalem, die 1947 von Barukh Salamander, einem Nachbarn aus Gródek stammen, und die Namen meiner Großeltern Sara und Abraham Mandel enthalten. Von anderen Verwandten, etwa den beiden Brüdern meines Vaters Selig und Jacob, oder seinem im Vermächtnis angesprochenen Cousin Schaja Gerber, seiner Frau Golda und ihren Kindern, die in einem Magazin in Gródek zusammen mit anderen Jüdinnen und Juden von nationalsozialistischen Soldaten mit Benzin übergossen und bei lebendigen Leib verbrannt wurden, gibt es nicht einmal eine Page of Testimony bei Yad Vashem – ihre Existenzen wurden von den Nationalsozialisten komplett ausradiert.

Diese schreckliche Leerstelle in meiner Familiengeschichte treibt mich, ebenso wie das Unrecht, das meinem Vater erfahren ist, bis heute um. Obwohl diese Ereignisse viele Jahre zurück liegen, sind sie nie vorbei. Wahrheit ist nur ein Wort – wer die Macht hat, bestimmt die Wahrheit.

Simon Wiesenthal hat das Leben meines Vaters und meine Kindheit zerstört. Gerechtigkeit wird es keine geben. Eine Entschuldigung oder eine offizielle Rehabilitation für meinen Vater Schulim Mandel vielleicht schon – und irgendwann auch ein normales Leben.

Vermächtnis von Schulim Mandel

„An meine Söhne..."

(Verfasst 1960)

Schulim Mandel

An meine Söhne Abraham und Fimek, gegeben zu Wien im Jahre 1960

Im Jahre 1953 oder 1954 wurde ich in die Baracke 40 des Lagers Asten zu dem mir damals noch nicht bekannten Ing. Wiesenthal bestellt. Dieser erklärte, daß er mir über die Uro ein Wiedergutmachung für erlittene KZ-Haft beschaffen könne. Er verlangte Unterlagen für meine KZ-Haft, die ich ihm übergab. Hierdurch wurde ich ihm näher bekannt. Im Jahre 1951 wohnte ich im Lager 1001 in Wels. In Wels wohnte damals ein mir nicht näher bekannter Mann, von dem ich wusste, daß er im Besitze einer japanischen Briefmarke war, die er gerne verkaufen wollte. Er frug mich, ob ich ihm einen Interessenten hierfür nennen könne. Ich habe im Lager Asten anderen Juden von dieser Marke erzählt. Diese haben an Hernn Ing. Wiesenthal weiterberichtet und letzterer ließ mich eines Tages zu sich in die Baracke 40 rufen. Dort hatte er eine Kanzlei als Direktor des A.J.D.C. (Joint). Er bat mich, mit ihm in seinem Wagen zu dem Markenbesitzer zu fahren und den Kauf zu vermitteln. Er wollte mich auch dafür belohnen. Ich lehnte eine Belohnung ab, fuhr jedoch mit ihm mit und kümmerte mich dann aber nicht mehr darum, ob der Kauf zustande kam. So kam die nähere Bekanntschaft zwischen Ing. Wiesenthal und mir zustande. Im Jahr 1956 ließ mich Ing. Wiesenthal in seine Kanzlei nach Linz kommen. Dort teilte er mir mit, daß mein Ansuchen um Wiedergutmachung längere Zeit benötige, daß er aber gute Beziehungen habe und die Sache beschleunigen könne, wenn ich mich bereit erkläre, von der zu erwartenden Summe 10% an ihn abzutreten. Da ich damals dingend Geld benötigte, ging ich auf seinen Vorschlag ein und das Geld wurde auch überwiesen. Damals war er mein bester Freund. Ich bekam durch Einblicke in seine Gebahrung und sein Verhalten gegenüber anderen Juden den Eindruck, dass er kein guter Mensch sein kann, sondern ein Egoist, der nur auf seinen Vorteil bedacht ist. Der Fall Pinkas Erdan zeigte mir dies: Pinkas Erdan war ein Schwerkranker, der von Joint monatlich S 600,- bekam. Eines Tages fiel er bei Wiesenthal in Ungnade. Dieser ließ ihm, obgleich Pinkas ein schwerkranker Mensch war, die monatliche Unterstützung einstellen. Pinkas wandte sich mit einem Schreiben an den Joint in Paris. Die Antwort des Ing. Wiesenthal auf dieses Schreiben war eine Anzeige bei der Sicherheitsdirektion in Linz, nach welcher Pinkas ein Agent des Ostens sein soll, der unter falschem Namen lebte. Pinkas wurde verhaftet und seine Papiere wurden ihm abgenommen. Als er nach wenigen Stunden wieder auf freien Fuß gesetzt wurde, stand er ohne Dokumente da. Durch diesen Trick wollte Ing. Wiesental verhindern, daß Pinkas, der ohne Papiere sich hilflos fühlte, sich über ihn in Salzburg beschweren könne. Ich erfuhr dies alles durch Pinkas selber, der im Jahr 1958 im Krankenhaus Linz auf der Infektionsstation lag. Pinkas ließ mir damals durch einen ungar. Flüchtling namens Hausner mitteilen, dass er koscher essen wolle. Ich habe ihm das von Hausner zubereitete Essen nach Linz ins Spital gebracht. Pinkas war sehr niedergeschlagen und weinte sehr und bat mich, ich solle zu Herrn Ing. Wiesental gehen und ihn bitten, dass er ihm wieder eine Unterstützung zukommen lassen solle. Ich bin zu Herrn Ing. Wiesenthal gegangen und habe für Pinkas gebeten. Herr Ing. Wiesenthal hat zugesagt, dass Pinkas 300,- S bekommt und außerdem für seine Wäsche gesorgt würde. Ing. Wiesenthal, der Pinkas ins Elend gebracht hat, hat dadurch bewiesen, daß er rücksichtslos auch über Leichen zu gehen bereit ist.

Nun ein anderer Fall. Im Lager Asten lebte als mein Nachbar das Ehepaar Mairovitsch. Herr Ing. Wiesenthal unterhielt mit der Frau Mairowitsch ein Liebesverhältnis. Als Mairowitsch hiervon Wind bekam, wanderte er mit seiner Frau nach Schweden aus. Herr Ing. Wiesenthal gab seine Sache nicht verloren und schickte Liebesbriefe und Päckchen mit Schokolade und 100-Dollar-Schecks , Ami-Zigaretten usw. und bat die Frau, sich von ihrem Mann zu trennen und zu ihm zu kommen. Frau Meirowitsch reiste nach Österreich. Ihrem Mann hatte sie gesagt, daß sie in wenigen Wochen zurückkehren würde. Nachdem aber längere Zeit verstrichen war und sie nicht nach Schweden zurückgekehrt war, kam Herr Meirowitsch nach Asten, um seine Frau zu suchen. Er besuchte mich, weil er einmal mein Nachbar war und klagte mir sein Leid.

Er hatte seine Frau gefunden, doch diese hatte einen Selbstmordversuch gemacht und lag in Linz im Spital der barmherzigen Brüder oder barmh. Schwestern. Da Herr Meirowitsch merkte, daß Herr Wiesenthal nicht gewillt war, Mairovitschs Frau zu lassen, wandte sich dieser an die Ehefrau des Ing. Wiesenthal. Die Antwort des Hernn Ing. Wiesenthal war, daß er Meirowitsch durch die Sicherheitspolizei verhaften liess und über Bremen nach Schweden abschieben ließ. Mairovitsch war gefesselt, da Ing. Wiesenthal sich durch Meirowitsch bedroht fühlte. Dies weiß man durch einen Brief, den Meirowitsch später aus Schweden geschrieben hatte und in dem er alles berichtet hatte.

Im Jahr 1957 kam eines Tages Herr Ing. Wiesenthal zu mir in meine Wohnung im Lager Asten und ersuchte mich um eine „Gefälligkeit". Er führte schon seit längerem einen Prozess gegen einen ehemaligen KZ-Kapo namens Zimmermann, der in Linz wohnte und den er weg haben wollte. Ing. Wiesenthal ersuchte mich, ich solle für ihn einen Zeugen machen und angeben, daß ich Zimmermann als Kapo im KZ gesehen habe. Als ich sagte, daß ich Zimmermann nicht kenne und daß ich nicht in Krakau, sondern in einem KZ bei Krakau gewesen war, meinte Ing. Wiesenthal, daß ich doch ihm den Gefallen tun solle und wider besseres Wissen eine Aussage zu seinen Gunsten machen. Ich war dazu nicht geneigt und sagte zu ihm, lieber wolle ich zu Fuß nach Linz gehen als eine unrichtige Aussage vor Gericht machen, denn, abgesehen davon, daß ich Zimmermann wirklich nicht kannte, widerstrebte es mir, ihn ins Unglück zu bringen, da er verheiratet war und Kinder hatte. Ich wollte mein Gewissen nicht mit solcher Tat belasten. Meine Weigerung gegenüber Ing. Wiesenthal hat anscheinend die Freundschaft verdorben.

Nach meiner Enthaftung schickte mir Herr Ing. Wiesenthal das Finanzamt auf den Hals, das meine Bücher beschlagnahmte. Ich vermutete gleich, daß hinter dieser Schikane Herr Ing. Wiesenthal steckte. Und diese Vermutung wurde nur Gewissheit, als die Herren vom Finanzamt zu mir sagten, ich solle zur Kultusgemeinde gehen und mich ausgleichen, sonst werde ich keine Ruhe mehr in Asten haben. Eines anderen Tages kamen Beamte des Zolls zu mir und suchten angeblich geschmuggelte amerikanische Hosen. Auch diese Herren gaben mir unaufgefordert den Rat, ich solle mich mit der Kultusgemeinde aussöhnen. Daraus kann ich schließen, daß auch hinter dieser Schikane nur Herr Ing. Wiesenthal steht.

Alles, was ich hier geschildert habe, ist nur der Auftakt. Die Hauptsache ist jedoch die Angelegenheit der Frau Sabine Klapper und ihres Sohnes Moses. Ich besitze ein Schreiben der Frau Klapper, das sie mir aus den USA geschickt hat.

Nach meiner Enthaftung war ich ca. vier Wochen krank. Ich fuhr nach Wien. Dort traf ich Herrn Fränkl. Herr Fränkl sagte, daß er von dem Unglück, welches Herr Ing. Wiesenthal über mich gebracht hat, gehört habe. Er schlug mir vor zur Israelitischen Kultusgemeinde zu gehen. Da mir der Weg dorthin zu weit war, hielt ich es für besser, Herrn Dr. Blumenfeld, der ja Mitglied der Kultusgemeinde ist, aufzusuchen. Ich bat Herrn Fränkl, mich dorthin zu begleiten. Bei Herrn Dr. Blumenfeld erzählte Herr Fränkl, daß Herr Ing. W. ein herzloser Mensch sei. Er schilderte, daß die Frau Zimmermann bei Herrn Ing. Wiesenthal gewesen sei und um ihrer 2 Kinder gebeten habe, in Ruhe gelassen zu werden. Herr Ing. Wiesenthal soll zu ihr gesagt haben, wenn sie Ruhe haben wolle, so solle sie mit ihren 2 Kindern vom höchsten Stockwerk in Linz hinunterstürzen, dann werde sie Ruhe haben. Dies sagte Herr Fränkl in meiner Gegenwart zu Herrn Dr. Blumenfeld. Gleichzeitig bat er Herrn Dr. Blumenfeld, hierüber gegenüber Herrn Ing. Wiesenthal nichts zu verlauten, da er, Fränkl sonst um seine Wiedergutmachung fürchten müsse, da ihm Herr Ing. Wiesenthal größte Schwierigkeiten machen können. Einige Tage später bekam ich einen Brief von Herrn Dr. Blumenfeld, in dem er mir riet, zu Herrn Ing. Wiesenthal zu gehen und ihn zu bitten, daß er mich in Ruhe lasse. Diesen Brief habe ich heute noch. Ich war bei Herrn Ing. Wiesenthal, dieser sagte zu mir, ich solle Asten verlassen, sonst werde ich nie Ruhe haben. Herr Dr. Blumenfeld hat auch an Herrn Ing. Wiesenthal geschrieben.

Die Frau König, wohnhaft Asten, weinte vor Herrn Ing. Wiesenthal in dessen Büro in der Baracke 40, als deren Mann durch die österr. Regierung die Aufforderung erhielt, binnen 14 Tagen das Land zu verlassen. Sie bat Herrn Ing. Wiesenthal um Hilfe bis zur Auswanderung. Herr Ing. Wiesenthal sagte zynisch, daß ihn die Familie König nichts angehe, man könne mit ihr machen, was man wolle.

Der Bezirkshauptmann von Linz-Land, Kurt Hofinger ist ein alter illegaler Nazi. Seine Mitgliednummer ist 6,371,884. Er war ein Sekretär in der Nazizeit und ein eifriges Mitglied der sog. Säuberungs-Abteilung, bei Blum in Urfahr. Weiteres der Herr Josef Hirzi von der Sicherheitsdirektion, ferner Herr Anton Wimmer, der Lagerleiter Herr Karl Mayer und der Leiter der Abteilung Umsiedlung, Herr Reg. Rat Dr. Neweklowaki, alle diese genannten Personen stützten die Machtposition des Herr Ing. Wiesenthal. Er bediente sich ihrer, um seine Macht auszuüben.

Herr Ing. Wiesenthal behauptet, daß ich kein KZ-ler sei. Deshalb hat er mich verhaften lassen. Nun besitze ich ein Schreiben des Staatsanwaltes von Walthut in Deutschland. Nach diesem Schreiben soll ich als Zeuge gegen Kriegsverbrecher auftreten. Namhaft gemacht hat mich Herr Ing. Wiesenthal. Merkwürdigerweise soll ich nun, im Jahre 1960 als anerkannter KZ-ler auftreten, nachdem Herr Ing. Wiesenthal am 18. 11. 59 mich noch verhaften ließ, da er angab, ich sei kein KZ-ler gewesen.

Ich habe Chimisch gelernt. Im Kapitel Agdumois steht geschrieben: wenn die Wälder sind aus Pennen und der Fluß ist aus Tinte, kann man nicht beschreiben, was Herr Ing. Wiesenthal auf seinem Gewissen hat.

Einen Tag vor meiner Enthaftung rief Herr Dr. Winter aus Wien meine Frau an und verlangte eine Kaution von S 33,000.-, dann würde ich aus der Haft entlassen, widrigenfalls bleibe ich verhaftet. Meine Frau sagte, daß Herr Schreiber doch schon alles erledigt habe. Herr Winter sagte, daß Herr Schreiber gar nicht helfen könne, wenn die 33,000,- nicht erlegt werden, bleibe ich weiter in Haft. Nachdem meine Frau ihm gesagt hatte, daß sie Herrn Markowski bereits S 17,000.- gegeben habe, bestätigte dies Herr Winter, meinte aber, daß das nicht genug sei, es müssen 50,000.- S sein. Als meine Frau unter Tränen sagte, daß ihr Mann wegen seiner Krankheit in höchster Lebensgefahr schwebe, meinte Herr Dr. Winter, daß ihn das nicht interessiere. Dann fügte er hinzu, ich solle mich über diese Sache später nicht weiter äußern und niemandem etwas erzählen.

Herr Ing. Wiesenthal erklärte mir in seiner Kanzlei, daß meine Verhaftung nicht auf seine Verantwortung erfolgt sei, er habe vorher mit seinem Chef in Wien, Herrn Krell gesprochen und dieser habe zugestimmt. Mir ist ein Herr Krell gänzlich unbekannt und ich glaube ihm kein Wort, daß Herr Ing. Wiesenthal, an dessen Wahrhaftigkeit zu zweifeln ich allen Grund habe, mit Herrn Krell gesprochen habe. Herr Ing. Wiesenthal hat als oberster des Judenrates alle Flüchtlinge im Lager Asten gewarnt, mit der Familie Mandel zu verkehren widrigenfalls er ihnen die Joint-Unterstützung auf schnellstem Wege einstellen werde. Woraus leitet Herr Ing. Wiesenthal diese Eigenmächtigkeit ab. Ist das Joint-Geld sein persönliches Eigentum, über das er frei verfügen kann? Ist es sein Erbe, das er nach eigenem Gutdünken verteilen kann? Während meiner Haft hatte der katholische Pfarrer von Asten meine Frau besucht. Er konnte es nicht begreifen, daß Juden so gegen ihre Mitbrüder handeln können. Als ich im Gefängnis in Steyr einen Nervenzusammenbruch erlitt, wunderte sich der Arzt, daß man einen kranken Menschen einsperren läßt. Als ich ihm sagte, daß ich ein unschuldiges Opfer des Herrn Ing. Wiesenthal von der Israelitischen Kultusgemeinde sei, äußerte er seine Verwunderung darüber, daß die Brüder Moses so handeln können. Er ließ mich in das Linzer Inquisitenspital überstellen. Mein Vermögen habe ich mir von 1945 bis 1959 ehrlich mit Blut und Schweiß erarbeitet. Herr Bezirkshauptmann Hofinger hat über Antrag von Herrn Ing. Wiesenthal meine Ware beschlagnahmen lassen. Dabei gehörte diese Ware garnicht mir, sondern war mir von wiener Geschäftsleuten in Kommission gegeben. Nun bin ich bis zum heutigen Tage noch damit belastet. Meine Wiedergutmachung, die ich 1956 für erlittene KZ-Haft erhielt, hat man mir ausgeplündert, genau wie man mich ausgeraubt hat 1941 in der Nazizeit. Ich habe nichts mehr, aber die 10%, die ich habe als Kommission geben müssen, die sind noch da, aber nicht bei mir. Unbegreiflich ist, wieso der Herr Kurt Hofinger, der doch in der Nazizeit bei der Säuberungs-Abteilung war, heute einen so hohen Posten bekleiden kann. Weshalb hat Herr Ing.Wiesenthal, der doch ein eifriger Nazifresser und Naziverfolger ist, noch nichts gegen Herrn Hofinger unternommen? Die Lösung dieser Frage liegt darin, daß Herr Hofinger ein williges Werkzeug des Herrn Ing.Wiesenthal ist bei der Verfolgung von dessen egoistischen Plänen.

Am 4. Tag meiner Verhaftung war meine Frau, Eure Mutter mit Euch bei Herrn Ing.Wiesenthal. Unter Tränen bat sie ihn um Gerechtigkeit und fragte, weshalb er uns ins Unglück gestürzt habe. Herr Ing.Wiesenthal meinte, wir seien reich und sollten S 500,000.- Kaution stellen, dann würde ich sofort entlassen; wir hätten Freunde in Wien, die würden helfen. Das ganze Unglück habe [die] alte Jüdin Sabine Klapper aus USA über uns gebracht. Als Eure Mutter unter Tränen Herrn Ing.Wiesenthal bat, gerecht zu sein, öffnete er die Tür und hetzte den Hund auf Euch. Genau so hat der Präsident des Judenrates im Ghetto Jaworow, Badjan, gegen seine Glaubensbrüder gehandelt. Wenn Ihr mich fragt, wieso der Judenrat so sein konnte, so könnt Ihr Euch ein Bild machen, wie Herr Ing.Wiesenthal in der guten Zeit handelt und was für eine Machtposition er sich aufbaut. Wenn er gegen einen Juden vorgehen will, dann kann er sich auch eines alten Nazis bedienen. Ich war im KZ und weiß, was Säuberungsabteilung bedeutet. Ich hätte nie gedacht, daß nach 14 Jahren wieder ein Nazi mich unschuldigerweise einsperren wird, und diesmal noch sogar auf Befehl eines Juden, der doch als Obmann unser Vertrauensmann und Helfer sein sollte.

Um mir Klärung und Wahrheit zu verschaffen, sollte der Herr Rabbiner vermitteln. Ich besitze die diesbezüglichen Schreiben. Der Herr Rabbiner hat Herrn Ing.Wiesenthal vorgeladen. Dieser hat es abgelehnt. Das Schreiben besitze ich. Ich könnte Herrn Ing. Wiesenthal ins Gefängnis bringen, genau so, wie er mich hat einsperren lassen. Aber mein Gewissen erlaubt es mir nicht, daß ich andere Leute ins Unglück bringe.

Ihr fragt mich, wo meine Eltern und Geschwister sind. In Euren Augen schaue ich aus, wie aus einem Stein geboren. Meine Eltern und den jüngsten Bruder hat man in Belz vergast. Vor dem Zusammenbruch hat man die beiden Brüder erschossen und verbrannt. Die ganze Familie befindet sich auf der Lembergerstraße unter dem polnischen Friedhof in den Massengräbern nach der Liquidation des Ghettos. Das Massengrab befindet sich auf einem Feld. Wenn Ihr die Möglichkeit haben werdet, so werdet Ihr Euch überzeugen können, daß dies alles Wahrheit ist. Wir KZ-ler haben nach dem Krieg den Platz umzäunt und ein Denkmal gesetzt, auf dem in russischer, polnischer und jiddischer Sprache geschrieben steht. Nur wenige Opfer haben überlebt. Ich selber hatte Fleckentyphus durchgemacht im Ghetto in Jaworow, auf den Kopf bekam ich einen Schlag. Könnt Ihr Euch vorstellen, dass Euer Vater nur 36 Kilo gewogen hat. Unter den Folgen dieser Leiden habe ich heute noch zu tragen. Auf Grund dieses himmelschreienden Unrechtes hat mir Herr Ing. Wiesenthal die Wiedergutmachung besorgt. Er hat zu mir gesagt, wenn ich ihm 10% davon ablasse, dann verschafft er mir durch seine guten Beziehungen in Deutschland die schnellste Erledigung. Die beweise für meine KZ-Haft, die Papiere, die ich Herrn Ing. Wiesenthal damals gegeben habe (1953, oder 1954) und die er richtig ansah, weil er doch die 10% Provision nahm, diese gleichen Papiere tauchten im Jahre 1959 bei der Sicherheitsdirektion wieder auf und diesmal erklärte Herr Ing. Wiesenthal, sie seien gefälscht.

Nun macht Euch selbst ein Bild, was für ein Mensch der Ing. Wiesenthal ist. Vor dem Joint hat Herr Ing. Wiesenthal erklärt, daß der im Lager Asten wohnhafte Moses Klapper, genannt Sonny Boy, ein kranker Mensch, 1000.-, d.h. vom Joint 650.- und von der oberösterreichischen Landesregierung S 350.- erhalten hat. In Wirklichkeit weiß das ganze Lager, Juden wie Christen, daß Moses Klapper in der Lagerküche gegessen hat. Wo sind also die S 1000.- geblieben? Ebenso gab Herr Ing. Wiesenthal beim Landesgendarmeriekommando in Linz an, ich habe vom Joint jeden Monat S 300.- erhalten. Das ist eine große Lüge. Ich habe vom Joint nicht einen Groschen bekommen, im Gegenteil habe ich Kultussteuer gezahlt und außerdem Spenden für den Staat Israel getätigt. Unterlagen hierüber besitze ich noch heute. Ing. Wiesenthal wollte mich durch seine Anzeige als Betrüger hinstellen.

Ihr fragt mich, wieso man in einem neutralen Land einen unschuldigen Menschen trotz Krankheit ins Gefängnis werfen kann und ihm weder Medikamente noch Wäsche geben kann. Nun könnt Ihr Euch ein Bild machen wie wir gelebt haben damals unter dem Generalgouvernator Dr. Hans Frank (Krakau) im alten Galizien, das früher einmal zum alten Österreich gehört hat. Jetzt wisst Ihr, wie das Judentum unter solcher Herrschaft ausgesehen hat. Ich mache keine Anzeige, sondern will nur aufweisen, daß ich die Wahrheit gesagt habe. In Wien lebt noch eine Firma Begovic, Geflügel und Eier, war stationiert in Grodekjagellonski und Moszizka (Galizien), wo er zwei Niederlassungen hatte. Mein Cousin Schaja Gerber und seine Frau Golda mit 3 Kindern wurden mit anderen Juden im Eiermagazin der genannten Firma mit Benzin übergossen und verbrannt.

V e r m ä c h t n i s

An meine Söhne Abraham und Pimek, gegeben zu Wien im Jahre 1960.

Im Jahre 1953 oder 1954 wurde ich in die Baracke 4o des Lagers Asten
zu dem mir damals noch nicht bekannten Ing. Wiesenthal bestellt. Dieser
erklärte, daß er mir über die Uro eine Wiedergutmachung für erlittene
KZ-Haft beschaffen könne. Er verlangt Unterlagen für meine KZ-Haft, die
ich ihm übergab. Hierdurch wurde ich mit ihm näher bekannt. Im Jahre
1951 wohnte ich im Lager 1oo1 in Wels. In Wels wohnte damals ein mir
nicht näher bekannter Mann, von dem ich wusste, daß er im Besitze einer
japanischen Briefmarke war, die er gerne verkaufen wollte. Er frug mich,
ob ich ihm einen Interessenten hiefür nennen könne. Ich habe im Lager
Asten anderen Juden von dieser Marke erzählt. Diese haben an Herrn Ing.
Wiesenthal weiterberichtet und letzterer ließ mich eines Tages zu sich
in die Baracke 4o rufen. Dort hatte er eine Kanzlei als Direktor des
A.J.D.C. (Joint). Er bat mich, mit ihm in seinem Wagen zu dem Markenbesitzer zu fahren und den Kauf zu vermitteln. Er wolle mich auch dafür
belohnen. Ich lehnte eine Belohnung ab, fuhr jedoch mit ihm mit und
kümmerte mich dann aber nicht mehr darum, ob der Kauf zu stande kam. So
kam die nähere Bekanntschaft zwischen Ing.Wiesenthal und mir zustande.
Im Jahre 1956 ließ mich Ing. Wiesenthal in seine Kanzlei nach Linz kommen. Dort teilte er mir mit, daß mein Ansuchen um Wiedergutmachung längere Zeit benötige, daß er aber gute Beziehungen habe und die Sache beschleunigen könne, wenn ich mich bereit erkläre, von der zu erwartenden
Summe 1o % an ihn abzutreten. Da ich damals dringend Geld benötigte, ging
ich auf seinen Vorschlag ein und das Geld wurde auch überwiesen. Damals
war er mein bester Freund. Ich bekam durch Einblicke in seine Gebahrung
und sein Verhalten gegenüber anderen Juden den Eindruck, daß er kein
guter Mensch sein kann, sondern ein Egoist, der nur auf seinen Vorteil
bedacht ist. Der Fall Pinkas Erdan zeigte mir dies: Pinkas Erdan war ein
Schwerkranker, der vom Joint monatlich S 6oo.- bekam. Eines Tages fiel
er bei Wiesenthal in Ungnade. Dieser ließ ihm, obgleich Pinkas ein schwerkranker Mensch war, die monatliche Unterstützung einstellen. Pinkas wandte
sich mit einem Schreiben an den Joint in Paris. Die Antwort des Ing.Wie-
senthal auf dieses Schreiben war eine Anzeige bei der Sicherheitsdirektion in Linz, nach welcher Pinkas ein Agent des Ostens sein soll, der
unter falschem Namen lebte. Pinkas wurde verhaftet und seien Papiere
wurden ihm angenommen. Als er nach wenigen Stunden wieder auf freien Fuß
gesetzt wurde, stand er ohne Dokumente da. Durch diesen Trick wollte Ing.
Wiesenthal verhindern, daß Pinkas, der ohne Papiere sich hilflos fühlte,

sich über ihn in Salzburg beschweren könne. Ich erfuhr dies alles durch Pinkas selber, der im Jahre 1958 im Krankenhaus Linz auf der Infektions- abteilung lag. Pinkas ließ mir damals durch einen ung. Flüchtling namens Hausner mitteilen, daß er koscher essen wolle. Ich habe ihm das von Haus- ner zubereitete Essen nach Linz ins Spital gebracht. Pinkas war sehr nie- dergeschlagen und weinte sehr und bat mich, ich solle zu Herrn Ing. Wiesen- thal gehen und ihn bitten, daß er ihm wieder eine Unterstützung zukommen lassen solle. Ich bin zu Herrn Ing. Wiesenthal gegangen und habe für Pin- kas gebeten. Herr Ing. Wiesenthal hat zugesagt, daß Pinkas 300.- S bekommt und außerdem für seine Wäsche gesorgt würde. Ing. Wiesenthal, der Pinkas ins Elend gebracht hat, hat dadurch bewiesen, daß er rücksichtslos auch über Leichen zu gehen bereit ist.

Nun ein anderer Fall. Im Lager Asten lebte als mein Nachbar das Ehepaar Mairowitsch. Herr Ing. Wiesenthal unterhielt mit der Frau Mairowitsch ein Liebesverhältnis. Als Mairowitsch hiervon Wind bekam, wanderte er mit seiner Frau nach Schweden aus. Herr Ing. Wiesenthal gab seine Sache nicht verloren und schickte Liebesbriefe und Päckchen mit Schokolade und 100- Dollar-Schecks, Ami-Zigaretten usw. und bat die Frau, sich von ihrem Mann zu trennen und zu ihm zu kommen. Frau Mairowitsch reiste nach Österreich. Ihrem Mann hatte sie gesagt, daß sie in wenigen Wochen zurückkehren werde. Nachdem aber längere Zeit verstrichen war und sie nicht nach Schweden zu- rückgekehrt war, kam Herr Mairowitsch nach Asten, um seine Frau zu suchen. Er besuchte mich, weil er einmal mein Nachbar war und klagte mir sein Leid Er hatte seine Frau gefunden, doch diese hatte einen Selbstmordversuch gemacht und lag in Linz im Spital der Barmherzigen Brüder oder Barmh. Schwestern. Da Herr Mairowitsch merkte, daß Herr Ing. Wiesenthal nicht gewillt war, Mairowitsch's Frau zu lassen, wandte sich dieser an die Ehe- frau des Ing. Wiesenthal. Die Antwort des Herrn Ing. Wiesenthal war, daß er Mairowitsch durch die Sicherheitspolizei verhaften ließ und über Bremen nach Schweden abschieben ließ. Mairowitsch war gefesselt, da Ing. Wiesen- thal sich durch Mairowitsch bedroht fühlte. Dies weiß man durch einen Brief den Mairowitsch später aus Schweden geschrieben hatte und in dem er alles berichtet hatte.

Im Jahre 1957 kam eines Tages Herr Ing. Wiesenthal zu mir in meine Woh- nung im Lager Asten und ersuchte mich um eine "Gefälligkeit". Er führte schon seit längerem einen Prozess gegen einen ehemaligen KZ-Kapo namens Zimmermann, der in Linz wohnte und den er weg haben wollte. Ing. Wiesenthal ersuchte mich, ich solle für ihn einen Zeugen machen und angeben, daß ich Zimmermann als Kapo im KZ gesehen habe. Als ich sagte, daß ich Zimmermann nicht kenne und daß ich nicht in Krakau, sondern in einem KZ bei Krakau gewesen war, meinte Ing. Wiesenthal, daß ich doch ihm den Gefallen tun sol- le und wider besseres Wissen eine Aussage zu seinen Gunsten machen. Ich war dazu nicht geneigt und sagte zu ihm, lieber wolle ich zu Fuß nach Linz gehen als eine unrichtige Aussage vor Gericht machen, denn, abgesehen da- von, daß ich Zimmermann wirklich nicht kannte, widerstrebte es mir, ihn

ins Unglück zu bringen, da er verheiratet war und Kinder hatte. Ich wollte
mein Gewissen nicht mit solcher Tat belasten. Meine Weigerung gegenüber
Ing. Wiesenthal hat anscheinend die Freundschaft verdorben.

Nach meiner Enthaftung schickte mir Herr Ing. Wiesenthal das Finanzamt
auf den Hals, das meine Bücher beschlagnahmte. Ich vermutete gleich, daß
hinter dieser Schikane Herr Ing. Wiesenthal steckte. Und diese Vermutung
wurde zur Gewißheit, als die Herren vom Finanzamt zu mir sagten, ich solle
zur Kultusgemeinde gehen und mich ausgleichen, sonst würde ich keine Ruhe
mehr in Asten haben. Eines anderen Tages kamen Beamte des Zolls zu mir
und suchten angeblich geschmuggelte amerikanische Hosen. Auch diese Herrn
gaben mir unaufgefordert den Rat, ich solle mich mit der Kultusgemeinde
aussöhnen. Daraus kann ich schließen, daß auch hinter dieser Schikane nur
Herr Ing. Wiesenthal steht.

Alles, was ich hier geschildert habe, ist nur der Auftakt. Die Hauptsache
ist jedoch die Angelegenheit der Frau Sabine Klapper und ihres Sohnes Moses.
Ich besitze ein Schreiben der Frau Klapper, das sie mir aus USA geschickt
hat.

Nach meiner Enthaftung war ich ca. 4 Wochen krank. Ich fuhr nach Wien. Dort
traf ich Herrn Fränkl. Herr Fränkl erzählte mir, daß er von dem Unglück, wel
ches Herr Ing. Wiesenthal über mich gebracht hat, gehört habe. Er schlug mir
vor, zur Israelitischen Kultusgemeinde zu gehen. Da mir der Weg dorthin zu
weit war, hielt ich es für besser, Herrn Dr. Blumenfeld, der ja Mitglied
der Kultusgemeinde ist, aufzusuchen. Ich bat Herrn Fränkl, mich dorthin zu
begleiten. Bei Herrn Dr. Blumenfeld erzählte Herr Fränkl, daß Herr Ing. W.
ein herzloser Mensch sei. Er schilderte, daß die Frau Zimmermann bei Herrn
Ing. Wiesenthal gewesen sei und um ihrer 2 Kinder willen gebeten habe, in
Ruhe gelassen zu werden. Herr Ing. Wiesenthal soll zu ihr gesagt haben,
wenn sie Ruhe wolle, so solle sie mit ihren 2 Kindern vom höchsten Stockwerk in Linz hinunterstürzen, dann werde sie Ruhe haben. Dies sagte Herr
Fränkl in meiner Gegenwart zu Herrn Dr. Blumenfeld. Gleichzeitig bat er
Herrn Dr. Blumenfeld, hierüber gegenüber Herrn Ing. Wiesenthal nichts zu
verlauten, da er, Fränkl ansonsten um seine Wiedergutmachung fürchten müsse,
da ihm Herr Ing. Wiesenthal größte Schwierigkeiten machen könne. Einige Tage
später bekam ich einen Brief von Herrn Dr. Blumenfeld, in dem er mir riet
zu Herrn Ing. Wiesenthal zu gehen und ihn zu bitten, daß er mich in Ruhe
lasse. Diesen Brief habe ich heute noch. Ich war bei Herrn Ing. Wiesenthal,
dieser sagte zu mir, ich solle Asten verlassen, sonst werde ich nie Ruhe
haben. Herr Dr. Blumenfeld hat auch an Herrn Ing. Wiesenthal geschrieben.
Die Frau König, wohnhaft Asten, xxxxxxxxx weinte vor Herrn Ing. Wiesenthal
in dessen Büro in der Baracke 40, als deren Mann durch die österr. Regierung
die Aufforderung erhielt, binnen 14 Tagen das Land zu verlassen. Sie bat
Herrn Ing. Wiesenthal um Hilfe bis zur Auswanderung. Herr Ing. Wiesenthal
sagte zynisch, daß ihn die Familie König nichts angehe, man könne mit ihr
machen, was man wolle.

Der Bezirkshauptmann von Linz-Land, Hofinger Kurt Hofinger ist ein alter
illegaler Nazi. Seine Mitgliedsnummer ist 6,371,884. Er war ein Sekretär
in der Nazizeit und ein eifiges Mitglied der sog. Säuberungs-Abteilung,
beim Blum in. Urfahr. Weiteres der Herr Josef Hirzi von der Sicherheitsdirektion, ferner Herr Anton Wimmer, der Lagerleiter Herr Karl Mayer
und der Leiter der Abteilung Umsiedlung, Herr Reg.Rat Dr. Neweklowski, alle
diese genannten Personen stützen die Machtposition des Herrn Ing.Wiesenthal.
Er bedient sich ihrer, um seine Macht auszuüben.
Herr Ing.Wiesenthal behauptet, daß ich kein KZler sei. Deshalb hat er mich
verhaften lassen. Nun besitze ich ein Schreiben des Staatsanwaltes von Wald-
hut in Deutschland. Nach diesem Schreiben soll ich als Zeuge gegen Kriegsverbrecher auftreten. Namhaft gemacht hat mich Herr Ing.Wiesenthal. Merkwürdigerweise soll ich nun, im Jahre 1960 als anerkannter KZ-ler auftreten, nachdem Herr Ing.Wiesenthal am 18.11.59 mich noch verhaften ließ, da er angab,
ich sei kein KZ-ler gewesen.
Ich habe Chimisch gelernt. Im Kapitel Agdumois steht geschrieben:
wenn die Wälder sind aus Pennen und der Fluß ist aus Tinte, kann man nicht
beschreiben, was Herr Ing.Wiesenthal auf seinem Gewissen hat.
Einen Tag vor meiner Enthaftung rief Herr Dr. Winter aus Wien meine Frau
an und verlangte eine Kaution von S 33,000.—, dann würde ich aus der Haft
entlassen, widrigenfalls bleibe ich verhaftet. Meine Frau sagte, daß Herr
Schreiber doch schon alles erledigt habe. Herr Winter sagte, daß Herr Schreiber garnicht helfen könne, wenn die 33,000.- S nicht erlegt werden, bleibe
ich weiter in Haft. Nachdem meine Frau ihm gesagt hatte, daß sie Herrn
Markowski bereits S 17,000.- gegeben habe, bestätigte dies Herr Winter, mei-
meinte aber, daß das nicht genug sei, es müssen 50,000.- S sein. Als meine
Frau unter Tränen sagte, daß ihr Mann wegen seiner Krankheit in höchster
Lebensgefahr schwebe, meinte Herr Dr.Winter, daß ihn das nicht interessiere
Dann fügte er hinzu, ich solle mich über diese Sache später nicht weiter
äußern und niemanden etwas erzählen.
Herr Ing.Wiesenthal erklärte mir in seiner Kanzlei, daß meine Verhaftung
nicht auf seine Verantwortung erfolgt sei, er habe vorher mit seinem Chef
in Wien, Herrn Krell gesprochen und dieser habe zugestimmt. Mir ist ein
Herr Krell gänzlich unbekannt und glaube ich kein Wort, daß Herr Ing.Wiesen-
thal, an dessen Wahrhaftigkeit zu zweifeln ich allen Grund habe, mit Herrn
Krell gesprochen habe. Herr Ing.Wiesenthal hat als Oberster des Judenrates
alle Flüchtlinge im Lager Asten gewarnt, mit der Familie Mandl zu verkehren
widrigenfalls er ihnen die Joint-Unterstützung auf schnellstem Wege einstellen werde. Woraus leitet Herr Ing.Wiesenthal diese Eigenmächtigkeit
ab. Ist das Joint-Geld sein persönliches Eigentum, über das er frei verfügen kann? Ist es sein Erbe, das er nach eigenem Gutdünken verteilen kann?
Während meiner Haft hatte der katholische Pfarrer von Asten meine Frau
besucht. Er konnte es nicht begreifen, daß Juden so gegen ihre Mitbrüder
handeln können. Als ich im Gefängnis in Steyr einen Nervenzusammenbruch

erlitt, wunderte sich der Arzt, daß man einen kranken Menschen einsperren läßt. Als ich ihm sagte, daß ich ein unschuldiges Opfer des Herrn Ing.Wiesenthal von der Israelitischen Kultusgemeinde sei, äußerte er seine Verwunderung darüber, daß die Brüder Moses so handeln können. Er ließ mich in das Linzer Inquisitenspital überstellen.

Mein Vermögen habe ich mir von 1945 bis 1959 ehrlich mit Blut und Schweiß erarbeitet. Herr Bezirkshauptmann Hofinger hat im über Auftrag von Herrn Ing.Wiesenthal meine Ware beschlagnehmen lassen. Dabei gehörte diese Ware garnicht mir, sondern war mir von Wiener Geschäftsleuten in Kommission gegeben. Nun bin ich bis zum heutigen Tage noch damit belastet Meine Wiedergutmachung, die ich 1956 für erlittene KZ-Haft erhielt, hat man mir ausgeplündert, genau wie man mich ausgeraubt hat 1941 in der Nazizeit. Ich habe nichts mehr, aber die 10 %, die ich habe als Provision geben müssen, die sind noch da, aber nicht bei mir. Unbegreiflich ist wieso der Herr Kurt Hofinger, der doch in der Nazizeit bei der Säuberungsabteilung war, heute einen so hohen Posten bekleiden kann. Weshalb hat Herr Ing.Wiesenthal, der doch ein eifriger Nazifresser und Naziverfolger ist, noch nichts gegen Herrn Hofinger unternommen. Die Lösung dieser Frage liegt darin, , daß Herr Hofinger ein williges Werkzeug des Herrn Ing.Wiesenthal ist bei der Verfolgung von dessen egoistischen Plänen. Am 4.Tag nach meiner Verhaftung war meine Frau, Eure Mutter mit Euch bei Herrn Ing.Wiesenthal. Unter Tränen bat sie ihn um Gerechtigkeit und fragte, weshalb er uns ins Unglück gestürzt habe,. Herr Ing. Wiesenthal meinte, wir seien reich und sollten S 500.000.- Kaution stellen, dann würde ich sofort entlassen; wir hätten Freunde in Wien, die würden helfen. Das ganze Unglück habe alte Jüdin Sabine Klapper aus USA über uns gebracht. . Als Eure Mutter unter Tränen Herrn Ing.Wiesenthal bat, gerecht zu sein, öffnete er die Tür und hetzte den Hund auf Euch. Genau so hat der Präsident des Judenrates im Ghetto Jaworow, Radjan, gegen seine Glaubensbrüder gehandelt. Wenn Ihr mich fragt, wieso der Judenrat so sein konnte, so könnt Ihr Euch ein Bild machen, wie Herr Ing.Wiesenthal in der guten Zeit handelt und was für eine Machtposition er sich aufbaut. Wenn er gegen einen Juden vorgehen will, dann kann er sich auch eines alten Nazis bedienen. Ich war im KZ uns weiß weiß was Säuberungsabteilung bedeutet. Ich hätte nie gedacht, daß nach 14 Jahren wieder ein Nazi mich unschuldigerweise einsperren wird, und diesmal noch sogar auf Befehl eines Juden, der doch als Obmann unser Vertrauensmann und Helfer sein sollte.

Um mir Klärung und Wahrheit zu verschaffen, sollte der Herr Rabbiner vermitteln. Ich besitze die diesbezüglichen Schreiben. Der Herr Rabbiner hat Herrn Ing.Wiesenthal vorgeladen. Dieser hat es abgelehnt. Das Schreiben besitze ich. Ich könnte Herrn Ing.Wiesenthal ins Gefängnis bringen, genau so, wie er mich hat einsperren lassen. Aber mein Gewissen erlaubt es mir nicht, daß ich andere Leute ins Unglück bringe.

Ihr fragt mich, wo meine Eltern und Geschwister sind. In Euren Augen schaue ich aus, wie aus einem Stein geboren. Meine Eltern und den jüngsten Bruder hat man in XX Belz vergast. Vor dem Zusammenbruch hat man die beiden Brüder erschossen und verbrannt. Die ganze Familie befindet sich auf der Lembergerstraße unter dem polnischen Friedhof in den Massengräbern nach der Liquidation des Ghettos. Das Massengrab befindet sich auf einem Feld. Wenn Ihr die Möglichkeit haben werdet, so werdet Ihr Euch überzeugen können, daß dies alles Wahrheit ist. Wir KZ-ler haben nach dem Krieg den Platz umzäunt und ein Denkmal gesetzt, auf dem in russischer, polnischer und jiddischer Sprache geschrieben steht. Nur wenige Opfer haben überlebt. Ich selber hatt Flecktyphus durchgemacht im Ghetto in Jaworow, auf den Kopf bekam ich einen Schlag. Könnt Ihr Euch vorstellen, daß Euer Vater nur 36 kg gewogen hat. Unter den Folgen dieser Leiden habe ich heute noch zu tragen. Auf Grund dieses himmelschreienden Unrechtes hat mir Herr Ing.Wiesenthal die Wiedergutmachung besorgt. Er hat zu mir gesagt, wenn ich ihm 10 % davon ablasse, dann verschafft er mir durch seine guten Beziehungen in Deutschland die kürze schnellste Erledigung. Die Beweise für meine KZ-Haft, die Papiere, die ich Herrn Ing.Wiesenthal damals gegeben habe (1953) oder 1954) und die er richtig ansah, weil er doch die 10% Provision nahm, diese gleichen Papiere tauchten im Jahre 1959 bei der Sicherheitsdirektion wieder auf und diesmal erklärte Herr Ing.Wiesenthal, sie seien gefälscht.

Nun macht Euch selbst ein Bild, was für ein Mensch der Ing.Wiesenthal ist. Vor dem Joint hat Herr Ing.Wiesenthal erklärt, daß der im Lager Asten wohnhafte Moses Klapper, genannt Sonny Boy, ein kranker Mensch, 1000.—, dh. vom Joint 650,— und von der oberösterreichischen Landesregierung S 350.— erhalten hat. In Wirklichkeit weiß das ganze Lager, Juden wie Christen, daß Moses Klapper in der Lagerküche gegessen hat. Wo sind also die S 1000.— geblieben? Ebenso gab Herr Ing.Wiesenthal beim Landesgendarmeriekommando in Linz an, ich habe vom Joint jeden Monat S 300.— erhalten. Das ist eine große Lüge. Ich habe vom Joint nicht einen Groschen bekommen, in Gegenteil habe ich Kultussteuer gezahlt und außerdem Spenden für den Staat Israel getätigt. Unterlagen hierüber besitze ich noch heute. Ing.Wiesenthal wollte mich durch seine Anzeige als Betrüger hinstellen.

Ihr fragt mich, wieso man in einem neutralen Land einen unschuldigen Menschen trotz Krankheit ins Gefängnis werfen kann und ihm weder Medikamente noch Wäsche geben kann. Nun könnt Ihr Euch ein Bild machen wie wir gelebt haben damals unter dem Generalgouvernator Dr. Hans (Krakau) Frank im alten Galizien, das früher einmal zum alten Österreich gehört hat. Jetzt wisst Ihr, wie das Judentum unter solcher Herrschaft ausgesehen hat. Ich mache keine Anzeige, sondern will nur aufweisen, daß ich die Wahrheit gesagt habe. In Wien lebt noch eine Firma Begovic, Geflügel und Eier, war stationiert in Grodekjagellonski und Moszizka (Galizien), wo er zwei Niederlassungen hatte. Mein Cousin Schaja Gerber und seine Frau Golda mit 3 Kindern wurden (im Eiermagazin) mit anderen Juden) der genannten Firma mit Benzin übergossen und verbrannt worden.

98

Weitere Dokumente:

Veranlassung Hofrat Dr. Hoffinger

im Auftrag Simon Wiesenthals.

Haftbefehl (1959).

Echo-Chefreporter Peter Gottfried Eder deckt auf:

HOFRAT KNACK

Echo beweist: Hofrat Hofinger im „Illegalenblock" — „Registrierwunder" um Dr. Kurt brachte zweite Klage ein — Landeskreise sagen: „Diese Verfahren werd&

Hofrat Dr. Kurt Hofinger, Bezirkshauptmann von Linz-Land und Staatskommissär der Ennser Sparkasse, zeigte sich vor kurzem überrascht, als ihm vom Bezirksgericht in Enns mitgeteilt wurde, daß Sparkassendirektor Max Neundlinger nunmehr aus allen „Röhren" zu schießen beginnt. Neundlinger hat gegen den Staatskommissär bekanntlich beim Bezirksgericht in Linz die Klage wegen Ehrenbeleidigung eingebracht. Der Herr Hofrat hat dem Sparkassendirektor vorgehalten, daß er eine bestimmte Kredittransaktion entweder nur machte, weil er möglicherweise korrupt oder zu dumm war, um die Folgen zu überblicken. Vorwürfe, die natürlich schwer wiegen, weil diese Anschuldigungen seitens des Herrn Hofrates auch dem gesamten Vorstand gegenüber gemacht und somit auf ein anderes Forum ausgedehnt wurden, klagte Neundlinger neuerlich, diesmal in Enns.

Die Auflehnung des jungen und ambitionierten Sparkassendirektors gegen Hofinger hat vielbeachtete Anerkennung sogar in Kreisen gefunden, die mit dieser Angelegenheit auch nicht entfernt etwas zu tun haben. Auch uns gingen zahlreiche Zuschriften zu, in denen man Echo gratulierte. All diese Briefe spiegeln merkwürdigerweise ein Symptom wider: Man wirft Hofinger seine Wandelbarkeit im Zeitlauf zweier Jahrzehnte vor. Der Autor dieser Berichte hatte wiederholt die Möglichkeit, mit Hofinger zu sprechen. Man ist geneigt, sich beeindruckt zu zeigen von seiner (sagen wir) Wendigkeit der Ausdrucksweise und der Betrachtung verschiedener für ihn persönlich heikler Probleme. Sein Verhalten während jener denkwürdigen Besprechung im Direktionszimmer der Ennser Sparkasse offenbarte, daß Hofinger auch vor einem größeren Forum bereit ist, „einzustecken", wenn er glaubt, daß diese Defensivtaktik im Augenblick besser für ihn und seinen Stand ist.

Hofinger und die Registrierungspflicht

Wir erinnern uns alle, wie es 1945 war: Jeder, der auch nur ganz am Rande mit der NSDAP zu tun hatte, wurde durch die Registrierungs- und Entnazifizierungsmaschine gedreht. Tausende Existenzen kleiner, unbedeutender NS-Parteimitglieder wurden zermahlen. Familien standen vor dem Nichts, weil der Ernährer in näherem oder fernerem Zusammenhang mit der NSDAP stand. Aber es gab auch einige wenige, die es verstanden, sich aus dieser harten Mühle herauszuhalten ...

Echo hätte dieses Problem nicht aufgezeigt, wenn nicht der Herr Hofrat von sich aus dazu förmlich aufgefordert hätte. Hofinger ließ uns wissen, daß er nicht illegales Mitglied der NSDAP war. Das haben wir auch niemals behauptet. Hofinger riß einen Satz aus dem Zusammenhang des Gesamtgefüges.

Aber etwas ließ Hofinger uns auch wissen, und das überraschte uns. „Ich war weder illegales Mitglied der NSDAP, noch war ich registrierungspflichtig." Das hieß also: Hofinger war auch nicht ordentliches Mitglied der NSDAP. Nun, hier wollen wir dem Gedächtnis des derzeitigen Bezirkshauptmannes von Linz-Land etwas nachhelfen.

Am 2. Mai 1938 veröffentlichte die „Tages-Post" in ihrem Mittagsblatt auf Seite 4 folgende Bekanntmachung, die wir vollinhaltlich veröffentlichen wollen:

Mitgliedaufnahme zur NSDAP
Bisherige Mitglieder und Nationalsozialisten der Tat

Der Beauftragte des Führers, Gauleiter Bürckel, hat mit der Erfassung und Aufnahme der Mitglieder zur NSDAP die Gauwahlleiter beauftragt. Auf Grund der ergangenen Anordnung werden als Mitglieder der NSDAP erfaßt und aufgenommen:
1. Diejenigen, die bisher Mitglieder der NSDAP waren.
2. Jene, die bis zum 11. März 1938 sich als Nationalsozialisten betätigt haben und durch ihre nationalsozialistische Betätigung mit die Voraussetzung zu der Entwicklung des 11. März geschaffen haben.

Dies geschieht in der Weise, daß den Ortsgruppenleitern der Auftrag erteilt wird, diese beiden Gruppen zu erfassen. Es hat jeder einen Antrag auf Ausstellung einer vorläufigen Mitgliedskarte auszufüllen. Dem Antrag ist ein vorgeschriebener Fragebogen auszufüllen und beizugeben."

Das war, wie jederzeit nachgelesen werden kann, am 2. Mai 1938.

Für Hofrat Dr. Hofinger hatte das keine Gültigkeit mehr. Er rückte, seinen eigenen Angaben folgend, am 27. August 1939 ein. Am 12. Oktober 1940 war seine Soldatenzeit beendet. Er erkrankte in Frankreich an einer Ruhr. In der weiteren Folge war er dem Landrat zugeteilt. Monate hindurch war er jedoch, weil der Landrat selbst verreist war, mit den Agenden dieser Funktion geschäftsführend betraut. Es war schon immer verwunderlich, wenn Hofinger zu verstehen gab, mit der NSDAP recht wenig gemeinsam gehabt zu haben.

Nun, im Jahre 1938 scheint das noch nicht ganz der Fall gewesen zu sein. In Linz gibt es nämlich noch etliche Bürger, die sich erinnern, wie Hofinger zur NSDAP stieß. Echo will heute auch Hofingers NSDAP-Mitgliedsnummer veröffentlichen. Sie lautet: 6,371.884, Mitglied seit 1. Mai 1938.

Bekanntlich werden von den Volksgerichten alle Mitgliedsnummern, die unter der Grenze 6,400.000 lagen, als Illegalenblock bezeichnet. Das heißt: Man nahm an, daß die Träger jener Mitgliedsnummern unter 6,4 Millionen illegal waren. Es soll ja damals im Jahre 1938 auch zahlreiche Bewerber gegeben haben, die

die österreichische Nachrichtenillustrierte

Herausgeber: Gustaf Adolf Neumann. Eigentümer und Verleger: Verlag Gustaf Ado... Telegrammadresse (Telex): Echo-Wien. Postscheckkonto Wien 187.086. Chefredakteur Seidengasse 11, Telephon 93 36 45, Fernschreiber 01 1735. Zentralvertrieb und Zentralve... Chefreporter: Peter Gottfried Eder, Linz. Stockbauernstra... gasse 12, Telephon 35 43 71 (für Wien und Niederösterreich): Linz, Stockbauernstra... burg, Mayburger Kai 28, Telephon 75 6 66, 75 6 67, Fernschreiber 06 414; Eisen... Burgenland); Innsbruck, Andreas-Hofer-Straße 40, Telephon 70 5 46, Bregenz, Lindauerstraße 16, Po... Klagenfurt, Völkermarktstraße 53/I, Telephon 35 92, Fernschreiber 04 217. Verantwortlich für den Textteil: Jaro Hochmann; für... Gesellschaft m. b. H., Wien VII, Neubaugasse 40, Telephon 93 23 25. Technische Herstellung im Lohndruck bei Wolfhelm Eberle, ... Manuskripteinsendungen und Unterlagen übernimmt der Verlag keine Haftung. Rücksendung nur, wenn Rückporto beiliegt. Nach... postamt Wien 62. P. b. b

Kurt Hofinger — Direktor Neundlinger werden wichtig sein"

baten, man möge ihnen „eine gute Nummer" geben (heute gibt es so etwas auch bei Autokennzeichen). Hofinger jedenfalls war Träger einer „guten Nummer".

Man würde sich täuschen, wenn man annähme, daß Hofinger nach dem Zusammenbruch der NSDAP unter den Gemaßregelten

Hofrat Dr. Kurt Hofinger

zu finden war. Ganz im Gegenteil. Er selbst entstieg dem Chaos wirklich wie Phönix aus der Asche und war wieder zu bewundern: beim Staatsbeauftragtenstellvertreter Doktor Blum in Urfahr. Hier fungierte er als dessen Sekretär. Man weiß, daß Dr. Blum auch mit den Agenden der politischen Säuberung betraut war und sein Amt recht genau ausübte. Hofinger wird ihm dabei als Sekretär gewiß sehr dienlich gewesen sein.

Noch haben wir das uns angebotene Material nicht ganz auf die Richtigkeit untersucht. Heute nur soviel: Der von Hofinger angelegte Entregistrierungsakt, der trotz gegenteiliger Behauptungen von ihm vorhanden ist, weist eine Flut von Bescheinigungen auf, daß der Herr Hofrat sich wiederholt als Gegner des NS-Regimes bewährt und zu erkennen gegeben habe.

Gustaf Adolf Neumann, Wien VII, Seidengasse 11, Telephon 93 36 45. efredakteur: Gustaf Adolf Neumann. Zentralredaktion: Wien VII, d Zentralverwaltung: L i n z, Stockbauerstraße 11, Telephon 22 3 77, ernstraße 11, Telephon 27 5 64. Redaktionsbüros: W i e n II, Floß-ckbauerstraße 11, Telephon 22 7 16, Fernschreiber 02 153; S a l z-, E i s e n s t a d t, St. Georgnerstraße 2, Telephon 27 82 (für das asse 16, Postfach 244, Telephon 40 5 22; G r a z, Plüddemanstraße 19, Telephon 33 1 91, Fernschreiber 04 377; chmann; für den Inseratenteil: Erna Riehs, beide Wien VII, Seidengasse 11. Klischees: Klischeeanstalt Neumann, m-Eberle, Großdruckerei und Verlagshaus Dr. Ludwig Polsterer, Wien VII, Seidengasse 3—11. Bedingungen: Für legt. Nachdruck nur mit Genehmigung des Chefredakteurs und mit Quellenangabe. Erscheinungsort Wien, Verlags-62. P. b. b.

Echo ist frei von jeder Parteipolitik

A b s c h r i f t

Z 163/59

H a f t b e f e h l

Herrn

    Szulim M a n d l, geb. 2o.3.19o7, Kaufmann in Asten
        Wohnsiedlung Nr. 117, Bar. 25/27

    Es ergeht hiemit der Auftrag, Sie in Haft zu nehmen, weil Sie
verdächtig sind, das Verbrechen des Betruges, der Verleitung zum
Missbrauche der Amtsgewalt und der Übertretung der Irreführung der
öffentlichen Aufsicht na §§ 197 ff,1o5,32o a StG., dadurch begangen z
zu haben, weil Sie durch falsche Angaben über Ihre ehemalige Staatsbürgerschaft, Ihre Herkunft, Ihren Beruf und Ihren Taufnamen die
öffentliche Aufsicht in Irrtum geführt und auf Grund Ihrer falschen
Angabe polnischer Flüchtling zu sein, in der Zeit vom März 1952 bis
3o.6.1955 zu Unrecht von der Bundesrepublik Österreich Fürsorgeunterstützung bezogen und dadurch die Bundesrepublik Österreich um
ca. S 24.ooo.- geschädigt haben. Weiters besteht der Verdacht, dass
Sie durch Zahlung von Bestechungsgeldern an Beamt der Bezirkshauptmannschaft Linz-Land das Verbrechen der Verleitung zum Missbrauche
der Amtsgewalt begangen haben.
    Der im § 175 Zl. 2, 3 StPO. bezeichnete Haftgrund liegt vor,
weil Sie wegen der Grösse der Ihnen mutmasslich bevorstehenden Strafe
der Flucht verdächtig sind und weil Sie eine die Ermittlung der
Wahrheit hindernde Art auf Zeugen oder Mitbeschuldigte einwirken
könnten.

        Bezirksgericht Enns
         am 18.Nov.1959

           Dr. Krein eh.

ZV

1) 2fach an
   Sicherheitsdion Linz

          Abgef. 1o.Nov. 1959.

A b s c h r i f t   Z 163/59
                             3

Hausdurchsuchungsbefehl

In der Strafsache gegen Szulim Mandl wegen §§ 1o5.197 ff,
32o a StG. wird die Erhebungsexpositur bei der Sicherheitsdirektion
für das Bundesland Österreich in Linz ermächtigt, in der Wohnung
des Beschuldigten Szulim Mandl, Kaufmann in Asten b. Enns, WS 117,
Bar. 25/27 eine Hausdurchsuchung vorzunehmen.

          G r ü n d e :

Der Beschuldigte Szulim Mandl ist dringend verdächtig, das
Verbrechen der Verleitung zum Missbrauche der Amtsgewalt nach
§ 1o5 StG., das Verbrechen des Betruges nach §§ 197 ff StG. und die
Übertretung der Irreführung der öffentlichen Aufsicht nach : 32o a
StG. dadurch begangen zu haben, weil er Bestechungsgelder an Beamte
der Bezirkshauptmannschaft Linz-Land gezahlt haben soll, weiters
weil er auf Grund seiner falschen Angabe polnischer Flüchtling zu
sein, in der Zeit vom März 1952 bis 3o.6.1955 zu Unrecht von der
Bundesrepublik Österreich Fürsorgeunterstützung im Betrage von
ca. S 24.ooo.- bezogen hat und ferner durch falsche Angaben über
seine ehemalige Staatsbürgerschaft etc. die öffentliche Aufsicht
im Irrtum geführt hat.
Da der Verdacht besteht, dass der Beschuldigte Dokumente und
Aufzeichnungen, die sich in seiner Wohnung befinden und die zur
Klärung der dem Beschuldigten zur Last gelegten strafbaren Handlungen von grosser Wichtigkeit sind, beiseite schaffen könnte, war
die Hausdurchsuchung ohne vorherige Einvernahme anzuordnen.

                    Bezirksgericht Enns
                    am 18.Nov. 1959

ZV   Dr. Krein eh.
1.) 2fach an
    Sicherheitsdion Linz

          V.
     Pflichtanzeige an St. A. Steyr abfertigen.
                    Enns 18.11.1959
Abgef. 18.11.1959

Wien, 23.11.1959

AMBASSADE D' ISRAEL
44/937

An die

Sicherheitsdirektion f.d.Bdl. O.Oe.

in Linz

Betr.: M a n d e l Szulim, geb. 20.3.1907 - Staatsbürgerschaft

Die Konsularabteilung der Botschaft des Staates Israel bestätigt den
Empfang des werten Schreibens vom 20.ds.M.,Zl. 14.168/59 und beehrt sich
mitzuteilen, dass zur authentischen Feststellung der Staatsbürgerschaft
eine Rückfrage in Jerusalem nötig erscheint.
Herr Szulim Mandel könnte theoretisch die israelische Staatsbürgerschaft
besitzen, trotzdem er nur mit einem Reiseausweis (Passersatz) aus Israel
ausreiste.
Die Konsularabteilung wird es nicht versäumen, sofort über die eingelaufene
Antwort die Sicherheitsdirektion zu verständigen und benützt den Anlass,
ihre vorzügliche Hochachtung zu erneuern.

F.d.R.d.A.   M. Dak
      Wagner eh.   Erster Sekretär eh.

Abschrift.

Ambassade D'ISRAEL   4160

        Die Konsularabteilung der Botschaft des Staates Israel beehrt sich
im Nachtrage zu ihrem Schreiben vom 23.11.1959 mitzuteilen, dass Herr
Mandel Szulim, geb.am 20.3.1907, die israelische Staatsbürgerschaft
nicht erworben hat.
        Die Konsularabteilung der Botschaft des Staates Israel erneuert bei
diesem Anlass den Ausdruck ihrer vorzüglichen Hochachtung.

Wien,1.März 1960   M. Dak Botschaftssekretär eh.

An die

Sicherheitsdirektion f.d.Bdl. O.Oe.

Linz

F.d.R.d.A.

      Wagner eh.

Brief an das

Joint Distribution Committee

(1961).

Schulim M a n d e l
Wien,2.,Josefinengasse 6/11

Wien, 28. Oktober 1961

An das
American JOINT Distribution Committee

W i e n ,9.,
Währingerstr. 2 - 4

In meiner verzweifelten Lage, in die mich, zusammen mit meiner
Familie, Ihr Vertreter in Linz, Herr Ing. Wiesenthal, gestürzt hat,
habe ich mich entschlossen, mich an Ihre werte Direktion mit der An-
frage zu wenden, ob Herr Ing. Wiesenthal berechtigt war, seine Verfol-
gungen gegen mich und meine Familie , die er bei verschiedenen österr.
Behörden unternommen hat, im Namen des JOINT zu betreiben.

Ich bin überzeugt, dass der JOINT andere Aufgaben als die Er-
stattung von Strafanzeigen gegen jüdische Flüchtlinge hat und niemals
seine Zustimmung dazu geben würde, dass sein Funktionär im Namen dieser
Weltorganisation derartige Handlungen durchführe.

Ich möchte in kurzer Zusammenfassung den Sachverhalt schildern,
wie er sich zugetragen hat:

Ich bin einer der wenigen Naziopfer, die am Leben geblieben sind.
Die Verfolgungsmassnahmen und die erlittenen Misshandlungen im K-Z
haben mich gesundheitlich vollständig ruiniert. Auch meine Gattin ist
schwer krank. Um nicht von Unterstützungen leben zu müssen, habe ich
versucht, mir eine Existenz zu gründen, was mir auch nach vielen An-
strengungen gelungen ist. Ich habe von der Landesregierung in Linz
eine Gewerberechtigung erhalten und durch fleissige und ehrliche Arbeit mir mein Brot verdient und daher die Unterstützung des JOINT ver-
zichten konnte. Ich habe von meiner ehrlichen Arbeit für mich, meine
Frau und unsere 2 kleinen Kinder unseren Haushalt gedeckt und von den
Ersparnissen für Wohltätigkeitszwecke nach bester Möglichkeit gespen-
det. Kaum bin ich von den Erlebnissen während der Naziverfolgung ein
wenig zu mir gekommen, hat mich das Unglück " Ing. Wiesenthal " getroffen. Mit Verleumdungen schwersten Kalibers ist er gegen mich im
Namen des JOINT bei den verschiedenen Gerichts-und Verwaltungsbehör-
den aufgetreten und hat solange gegen mich gehetzt, bis ich verhaftet
wurde.

In ihrer Verzweiflung hat meine Gattin, die sich bewusst war,
dass der Aufenthalt für mich im Gefängnis lebensgefährlich ist, sich
an Dr. Winter in Wien mit der Bitte gewendet, meine Enthaftung gegen
eine Haftkaution zu erwirken. Letztgenannter hat sich dazu gegen Bezahlung von S 5o.ooo.- als Honorar bereit erklärt. Meine Gattin hat
jüdische Persönlichkeiten in Wien alarmiert, die diesen Betrag zur
Verfügung stellten und ich daraufhin enthaftet wurde.

./.

106

Nach meiner Enthaftung hat mein Rechtsanwalt Einsichtnahme in die Akten verlangt und lege ich eine auszugsweise Abschrift der niederschriftlichen Angaben vor, die zu meiner Verhaftung geführt haben. Ein leitender Beamter des Strafgerichtes in Steyr erklärte meinem Rechtsvertreter, dass es niemals zu meiner Verhaftung gekommen wäre, wenn nicht eine derart massgebende Persönlichkeit, für die Herr Ing. Wiesenthal gehalten wird, diese Verhaftung veranlasst hätte.

Die Gerichtsbehörden fanden keine Bestätigung für die Angaben des Herrn Ing. Wiesenthal gegen mich und ist deshalb eine Verzögerung in der Ausschreibung einer Verhandlung gegen mich eingetreten, obwohl ich diese Verhandlung für meine Rehabilitierung anstrebe.

Was geschehen ist, wird Herr Ing. Wiesenthal niemals wiedergutmachen können. Es steht mir jedoch umstritt das Recht zu, von demselben zu verlangen, in einer Gegenüberstellung mir ins Gesicht all jene Anschuldigungen zu sagen, die er in seinen Strafanzeigen gegen mich gemacht hat. Um kein Aufsehen zu erregen, erkläre ich mich auch damit einverstanden, dass diese Gegenüberstellung in Ihrem Büro stattfindet.

Ich hoffe, dass Sie dieser Angelegenheit die ihr gebührende Aufmerksamkeit schenken werden und erwarte Ihre baldige Rückäusserung.

Mit vorzüglicher Hochachtung

Dokumente von

Yad Vashem.

Gorodok, Poland. List of persecuted persons murdered. (Auszug)

Lea
Mandel
Grayding, Poland
Page of Testimony
murdered

Yisrael
Mandel
1903
Greiding, Poland
Page of Testimony
murdered

Sara
Mandel
1860
Grodek Jagiellonski, Poland
Page of Testimony
murdered

Wolf
Mandel
Grodek Jagiellonski, Poland
Page of Testimony
murdered

Bronia
Mandel
1914
Grodek Jagiellonski, Poland
Page of Testimony
murdered

Wolf
Mandel
1894
Grodek Jagiellonski, Poland
Page of Testimony
murdered

Tonia
Mandel
1930
Grodek Jagiellonski, Poland
Page of Testimony
murdered

Jaakow
Mandel
1887
Grodek Jagiellonski, Poland
Page of Testimony
murdered

Osiaz Yehoshua
Mandel
1897
Jaworow, Poland
Page of Testimony
murdered

Sara
Mandel
1902
Grodek Jagiellonski, Poland
Page of Testimony
murdered

Chana
Mandel
1907
Grodek Jagiellonski, Poland
Page of Testimony
murdered

Herszl
Mandel
1897
Grodek Jagiellonski, Poland
Page of Testimony
murdered

Tauba
Mandel
1922
Gródek, Poland
Page of Testimony
murdered

Wolf
Mandel
1907
Grodek Jagiellonski, Poland

Page of Testimony
murdered

Mania
Mandel
1900
Grodek Jagiellonski, Poland
Page of Testimony
murdered

Natan
Mandel
1899
Grodek Jagiellonski, Poland
Page of Testimony
murdered

Abraham
Mandel
1872
Grodek Jagiellonski, Poland
Page of Testimony
murdered

Abraham Mandel was born in Grodek Jagiellonski, Poland in 1872. He was a merchant and married to Sara. Prior to WWII he lived in Grodek Jagiellonski, Poland. During the war he was in Grodek Jagiellonski, Poland.

Abraham was murdered in the Shoah.

This information is based on a Page of Testimony submitted by his neighbour, Barukh Salamander

Feiga
Mandel
1917
Grudek Yagyelonski, Poland
Page of Testimony
murdered

Ycchak
Mandel
1921
Grodek Jagiellonski, Poland
Page of Testimony
murdered

Jakob
Mandel
1889
Gródek, Poland
Page of Testimony
murdered

Icchak
Mandel
1922
Grodek Jagiellonski, Poland
Page of Testimony
murdered

Sara
Mandel
1872
Grodek Jagiellonski, Poland
Page of Testimony
murdered

Sara Mandel lived in Grodek
Jagiellonski, Poland. During
the war she was in Grodek
Jagiellonski, Poland.

Sara was murdered in the
Shoah.

This information is based on
a Page of Testimony submitted by her neighbour, Barukh
Salamander

Osias Yehoshua
Mandel
Jaworow, Poland
Page of Testimony
murdered

Gersh
Mandel

Moisey
Mandel

Mosze
Mandel
1902
Grodek Jagiellonski, Poland
Page of Testimony
murdered

Pesach
Mandel
1900
Grodek Jagiellonski, Poland
Page of Testimony
murdered

Rajza
Mandel
1902
Grodek Jagiellonski, Poland
Page of Testimony
murdered

Ana
Mandel
Gródek, Poland
Page of Testimony
murdered

Tonia
Mandel
Gródek, Poland
Page of Testimony
murdered

Tauba Yona
Mandel
1893
Grodek Jagiellonski, Poland
Page of Testimony
murdered

Tzvi
Mandel
Greiding, Poland
Page of Testimony
murdered

Zeev Vilush
Mandel
1913
Greiding, Poland
Page of Testimony
murdered

...

*Bei Sara und Abraham
Mandel handelt es sich mit
großer Wahrscheinlichkeit
um die Großeltern des Autors.*

*Über die weiteren in der Shoah
ermordeten Familienangehö-
rigen gibt es keine Dokumente
oder Aufzeichnungen bei Yad
Vashem.*

רשות־זכרון לשואה ולגבורה. ירושלים

דף־עד

לרשום חללי השואה והגבורה

ירושלים. רחוב בן־יהודה 12

מס' האשור 1887/39

אנא, מלא(י) עד כמה שידוע לך!

1. שם המשפחה בעברית	אונג
בשפת ארץ המוצא (באותיות לטיניות)	Chandel
2. שם פרטי בעברית	אברהם
בשפת ארץ המוצא (באותיות לטיניות)	Abraham
3. שם האב	ש.
4. שם האם	
5. תאריך הלידה	1892
6. מקום הלידה (גם באותיות לטיניות)	גלינה Gudel Jag. Polu.
7. מקום המגורים הקבוע (גם באותיות לטיניות)	
8. המקצוע	סוחר
9. הנתינות לפני הכבוש הנאצי	פו
10. מקומות המבולים במלחמה (גם באותיות לטיניות)	Gudel
11. מקום המות, הזמן והנסיבות (המקום גם באותיות לטיניות)	1942 163
12. מצב משפחתי	
13. שם האשה ושם משפחתה לפני הנישואין	
שם הבעל	
גילה 70	
גילו	

חוק זכרון השואה והגבורה —

יד ושם

תשי"ג 1953

קובע בסעיף מס' 2

חפקידו של יד־ושם הוא לאסוף אל המולדת את זכרם של כל אלה מבני העם היהודי, שנפלו ונמסרו את נפשם, נלחמו ומרדו באויב הנאצי ובעוזריו, ולהציב שם וזכר להם, לעדרות, לארגונים ולמוסדות שנחרבו רובב בגלל השתייכותם לעם היהודי, ולהמשרה זו יהא סמוך ...(4)לחאניק לבני העם היהודי שהתייחמדו ונפלו בימי השואה והמרי... אזרחות־זכרון של מדינת ישראל לאות היראספש אל עמם.

(מספר התחוקים מס' 30) י"ח אלול תשי"ג (28.8.53)

14. שמות הילדים עד גיל 18 שנספו (מעל לגיל זה רושמים "דף־עד" פירוד)	הגיל	מקום והזמן שנספו

הערה! את הילדים יש לרשום ב"דף־העד" של אחד ההורים אך לא יותר מפעם אחת.

אני 23/180 _____ תגר ב (מתובת מלאה) על פן 115
קרוב/ה מברי/ה של אברהם
מצהיר/ה בזה כי העדות שמסרתי כאן על פרטיה היא נכונה ואמיתית, לפי מיטב ידיעתי והכרתי.
אני מבקש/ת להעניק לניל אזרחות־זכרון מטעם מדינת ישראל.

מקום ותאריך _____ החתימה _____
חתימת הפקיד _____

אורחות־זכרות הרעגקה
מספר _____

לידיעת "האגף המרכזי" בירושלים. רחוב בן־יהודה 12

הייתי בזמן המלחמה במחנה (הסגר, עבודה, השמדה וכו') _____ בגיטו _____

במחתרת _____ ביערות _____ וכו' _____

ואני מוכן לפסור עדות על כך.

תחימת העד _____ כתובתו _____

112

רשות־זכרון לשואה ולגבורה, ירושלים

דף־עד

לרשום חללי השואה והגבורה

ירושלים, רחוב בן־יהודה 12

84448

אנא, מלא(י): עד כמה שידוע לך!

1. שם המשפחה	בעברית	אבן
	בשפת ארץ המוצא (באותיות לטיניות)	Pfandel
2. שם פרטי	בעברית	שרה
	בשפת ארץ המוצא (באותיות לטיניות)	Sara
3. שם האב		יוסף
4. שם האם		
5. תאריך הלידה		1877
6. מקום ארץ הלידה (גם באותיות לטיניות)		Jadek Jagiel. Polen. פולין
7. מקום המגורים הקבוע (גם באותיות לטיניות)		
8. המקצוע		א.ח.
9. התנינות לפני חבריש הנאצי		
10. מקומות המפלטים במלחמה (גם באותיות לטיניות)		
11. מקום המוות, זמנו והנסיבות (המקום גם באותיות לטיניות)		Jadek פולין 1942
12. מצב משפחתי		רוק / נשוי / מספר הילדים
13. שם האשה ושם משפחתה לפני הנישואין		
שם הבעל		

חוק זכרון השואה והגבורה —

יד ושם

תשי"ג 1953

קובע בסעיף מס' 2

תפקידו של יד־ושם הוא לאסוף אל המולדת את זכרם של כל אלה מבני העם היהודי, שנפלו ומסרו את נפשם, נלחמו ומרדו באויב הנאצי ובעוזריו, ולהציב שם וזכר להם, לעדות, לארגונים ולמוסדות שנחרבו בגלל השתייכותם לעם היהודי, ולמסרה זו ינציח...(4) להנציק לבני העם היהודי שהושמדו וגפלו בימי השואה והמרד אזרחות־זכרון של מדינת ישראל לאות הראספע אל עמם.

(מספר החוקים מס' 132 י"א אלול תשי"ג 34.8.53)

	גילה			
	לילד			
14. שמות הילדים עד גיל 18 שנספו (מעל לגיל זה ירשמו בדף־עד מיוחד)	הגיל	המקום והזמן שנספו		

הערה! את הילדים יש לרשום ב,דף־העד" של אחד ההורים אך לא יותר מפעם אחת.

אני ___ ___ הבר ב' (כתובת מלאה) ___ 115

קרוב/ה מכר/ת ___ של ___

מצהיר/ת בזה כי העדות שמסרתי כאן על פרטיה היא נכונה ואמיתית, לפי מיטב ידיעתי וזכרוני.

אני מבקש/ת להעניק לב'יל אזרחות־זכרון מטעם מדינת ישראל.

מקום והתאריך ___ ___

חתימה ___

חתימת הפוקד ___

אזרחות־זכרון תועצקה

מספר ___ אל

לידיעת "האנף המדעי" בירושלים, רחוב בן־יהודה 12

חייתי בזמן המלחמה במחנה (הסגר, עבודה, השמדה וכו') ___			בגישו ___
במחתרת ___ ביערות ___ וכו' ___			ואני מוכן למסור עדות על כך.
חתימת העד ___	כתובתו ___		

Yad Vashem Page of Testimony von Sara und Abraham Mandel

113

Bildnachweise

Familie Mandel ca. 1958